まるっと365日！

自分史上
いちばん
垢抜ける

3色コーデ帖

きりまる

宝島社

JN002160

今回は人生初のスタイルブックを買ってくださり

本当にありがとうございます

皆にとってファッションの教科書のような

存在になってくれたらうれしいです!

365コーデ分を2週間で撮影しました!

撮影未経験な私がたくさんのポーズをしておりますので

コーデだけでなく表情やポーズにも

注目して見てみてください!(笑)

とにかく皆にとって参考になる! そして見ていてたのしい!

スタイルブックになるように頑張りましたので

「きりまるスタイルブック」たのしんできてね～!

それではいってらっしゃい!

まるっと！きりまるです。

CONTENTS

FASHION

この本の"きりまるコーデ"はくすみの3色使いでできている ─ 08

Chapter.SIX
ちょっと背伸びもしてみたい ─ 84

Chapter.SEVEN
コラボ服のこだわり全部見せ! ─ 100

Chapter.EIGHT
"小物"チェンジを楽しむ! ─ 110

Chapter.NINE
いつもと違うきりまるはいかが? ─ 118

Chapter.TEN
思い出の詰まったコーディネートたち ─ 132

Chapter.ONE
こんにちは、きりまるです。─ 10

Chapter.TWO
ゆるふわコーデ大解剖 ─ 20

Chapter.THREE
7つの愛しい色合わせ ─ 52

Chapter.FOUR
"着まわし"って最高。─ 66

Chapter.FIVE
お気に入りの通販ブランド ─ 76

PERSONAL

INTERVIEW
まるはだか ─ 148

SISTERS INTERVIEW
ふたりの時間 ─ 152

MAKEUP&HAIR
きりまるメイクレシピ ─ 138

DIET
しあわせいっぱいのゆるっとダイエット ─ 144

SHOP LIST ─ 157

FASHION

この本の"きりまるコーデ"は
くすみの3色使いで
できている

人気ブランドとのコラボ、自身のブランド立ち上げ、
SNS総フォロワー数140万人のファッショニスタきりまる。
抜け感のある、ゆるっとしたコーデが大人気!
そのスタイルのヒミツは、
「くすみカラー」の「3色使い」だった!

Coordination rule

になれる 15 の"くすみカラー"

すべてを叶えるくすみカラーがLOVE!

PINK

WHITE

GRAY

BLACK

LIGHT BLUE

NAVY

PURPLE

くすみカラーを
引き締める「ブラック」と
「ブラウン」はバッグや
シューズで取り入れ!
小物技にも注目してみて。

kirimaru

coordination rule

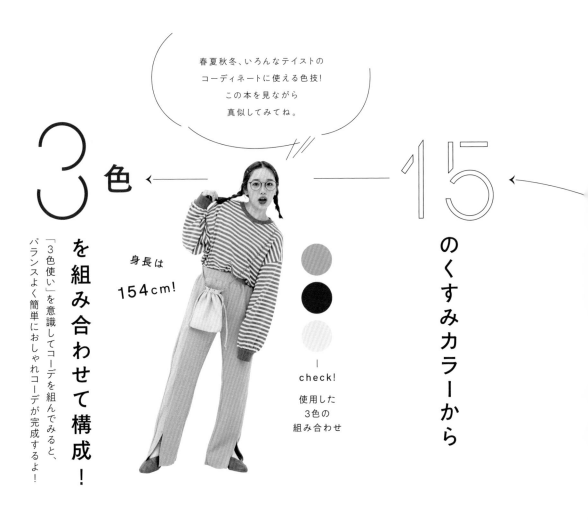

春夏秋冬、いろんなテイストの
コーディネートに使える色技！
この本を見ながら
真似してみてね。

3色 ← ― 15 ←

を組み合わせて構成！

「3色使い」を意識してコーデを組んでみると、
バランスよく簡単におしゃれコーデが完成するよ！

身長は
154cm!

―
check!
使用した
3色の
組み合わせ

のくすみカラーから

同じトーンだから合わせやすい、きりまる

「女の子らしさ」「おしゃれさ」「組み合わせやすさ」

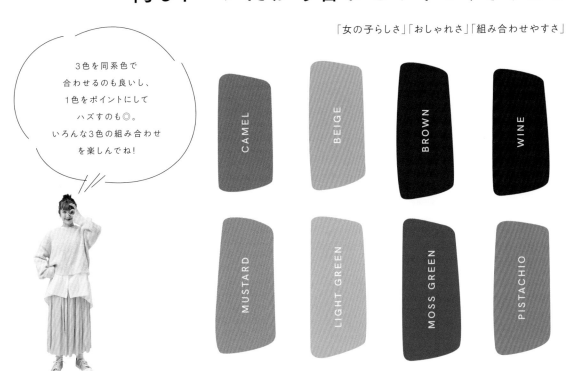

3色を同系色で
合わせるのも良いし、
1色をポイントにして
ハズすのも◎。
いろんな3色の組み合わせ
を楽しんでね！

CAMEL

BEIGE

BROWN

WINE

MUSTARD

LIGHT GREEN

MOSS GREEN

PISTACHIO

hello!

I'm

kirimaru.

洋服の色って、今の気持ちが素直に表れるよね。ファッションに合わせた、きりまるのカラーストーリー。

こんにちは、きりまるです。

kirimaru

ブ ラ ウ ン は 、
普 段 の 自 分 ら し い
し っ く り く る 愛 着 の あ る 色 。

day — 001 + ⬜ ⚫ ⚫

ブラウンは、どんなときにでも合わせやすい心地よさが
あるから好き。シャツ¥25,300、サロペットスカート
¥29,700／ともにLE CIEL BLEU（ルシェルブルー総合
カスタマーサービス） ソックス3P¥1,100／チュチュア
ンナ メガネ¥38,500／EYEVAN（EYEVAN PR）

お花のように
繊細で儚い少女は、
淡いピンクをまとう。

day － 002 ＋ ●●◐

無邪気な少女の心を忘れないように、やわらかなピンク
はいつまでも身につけていたい。ワンピース¥72,600／
beautiful people（ビューティフルピープル 青山店）
パンツ¥28,600／マザー（サザビーリーグ）　ハット¥1
5,400／CA4LA（CA4LA プレスルーム）　片耳ピアス
¥8,800／e.m.（e.m.表参道店）　シューズ　¥14,850
／Öffen　タンクトップ／スタイリスト私物

day. 002

kirimaru

 +

day — 003 + ●●●

とにかく暖色が大好き！　自分にも合うし、ポジ
ティブなムードになれる。ワンピース¥20,900／ラ
コステ（ラコステ お客様センター）　片耳ピアス
¥14,300／LOVE BY e.m.（e.m.表参道店）シュー
ズ¥15,400／ダイアナ（ダイアナ 銀座本店）カ
チューシャ／本人私物

ポップな気持ちの日は、マスタードが気分を上げてくれる！

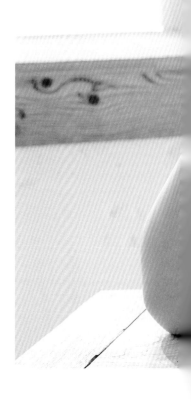

ワインレッドを味方にして、レディになりたい。

day — 004 + ●●

たまには情熱的なカラーで、大人な女性に近づいてみる。ワンピース¥49,500／beautiful people（ビューティフルピープル 青山店）　カチューシャ¥8,360／CA4LA（CA4LA プレスルーム）　イヤリング¥8,800／イン ムード（14 SHOWROOM）　イニシャルリング¥14,300、ピンキーリング¥17,600／ともにe.m.（e.m.表参道店）　ブーツ¥24,200／ダイアナ（ダイアナ 銀座本店）

kirimaru

透けたライトブルーは、
前向きになれる
ステップアップの色。

day − 005 + ●●

自分らしい淡いカラーを着て、わくわくする未来へ！　ブラ
ウス¥19,800、スカート¥26,400／ともにCLANE（CLANE
DESIGN）　ピアス¥8,690／オクト（14 SHOWROOM）
リング¥13,200／LOVE BY e.m.（e.m.表参道店）　サンダ
ル¥9,350／KBF＋（KBF＋新宿ミロード店）

ふわコーデ大解剖

ファッションコーディネートサイト「WEAR」でフォロワー数約14万人から支持される
きりまるコーデを徹底分析！　154cmのきりまるが着こなす服は、なんでこんなにかわいくて、
おしゃれに見えるの？　そんな疑問にお答えします。スタイリングの主なルールはこの8つ！

アイテムはすべて本人私物です。

これさえあれば大丈夫！
3つの王道アイテム

step /

低身長を活かした
バランスづくり

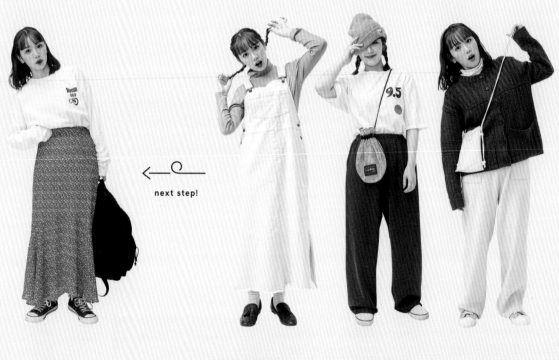

← next step!

RULE

4

甘めスタイルには
ブラック小物を
差す

↓
p.
34

RULE

3

体のラインを
拾わない素材を
選ぶ

↓
p.
30

RULE

2

トップスを
INして脚を長く
見せる

↓
p.
26

RULE

1

上下ゆるゆるで
おしゃれな
ルーズ感を出す

↓
p.
22

KIRI
Chapter.TWO
FASHION RULE

私服 80 体分 ＞ ゆる

step 3. 着こなし方で
コーデをアップデート

step 2.

← ↺
next step!

RULE
8

物足りない
ときは
ベストを投入

↓
p.
49

RULE
7

ちら見せ
レイヤードテク

↓
p.
44

RULE
6

ノーカラー
シャツの
すすめ

↓
p.
41

RULE
5

やっぱり
コンバースは
使える!

↓
p.
38

1 上下ゆるゆるで
おしゃれなルーズ感を出す

きりまるの私服はパンツ率高め。
ぴたっとしたパンツよりも、太めかつ足元で
生地がたゆむくらいの長さだとバランス◎。
トップスもゆるっとめのものを合わせれば
今っぽいルーズなおしゃれコーデが完成！

ラフなのにおしゃれに見える
ゆるシルエット

day

006
+

ロゴ入りトップスにミリタリーなアウターを
合わせたカジュアルなコーデ。
ゆるっとパンツで抜け感をプラス。

アウター	studio CLIP
Tシャツ	CIAOPANIC
パンツ	LOWRYS FARM
カチューシャ	Flower
スニーカー	VANS

上下ゆるゆるでおしゃれなルーズ感を出す

テーパードパンツをカジュアルに着る

day
008
+

裾が細めのパンツをボーイッシュに
着こなすなら、ショート丈のジャケットと
スニーカーでハズすのが正解。

ジャケット────── MOUSSY
ニット────── GU
パンツ────── STYLEMIXER
スニーカー────── ONIGIRI

day
007
+

スリット＆センタープレス入りの
パンツで脚をスラッと見せて。
ベージュは着まわし力も抜群！

ジャケット────── MOUSSY
トップス────── UNIQLO
パンツ────── Neuna
カチューシャ────── ANEMONE
ローファー────── ONIGIRI

Kirimaru
FASHION
RULE 1.

day
009 +

ヒールのあるショートブーツを合わせて
コーデを格上げ。ロングコートを羽織れば、
縦ラインが強調され高身長に。

アウター────── DOUBLENAME
ニット────── GU
パンツ────── STYLEMIXER
カチューシャ────── ANEMONE
ブーツ────── LOWRYS FARM

テーパードパンツを品よく着る

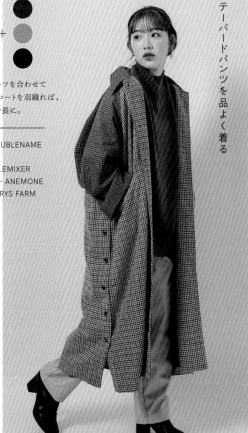

day
010
+

ゆったりパンツでつくる、リラックスルック。
カーディガンに模様があるので
他はホワイトでシンプルに。

カーディガン────── 韓国で購入
中に着たトップス────── UNIQLO
パンツ────── E hyphen world gallery
カチューシャ────── ANEMONE
バッグ────── Syncs.Paper
スニーカー────── ONIGIRI

Chapter. TWO

day 012 +

スリット入りパンツは、上半身が重めでも
すっきりと見える優秀品。裾が広がるから
全体のバランスも取りやすい。

アウター ——— studio CLIP
中に着たニット ——— JEANASIS
パンツ ——— Neuna
パンプス ——— LOWRYS FARM

day 011 +

パンツのラインをきれいに見せたいときは、
ヒールを合わせるのが正解。
スリット入りニットで美シルエットの完成。

ニット ——— SELECT MOCA
パンツ ——— JEANASIS
バッグ ——— CLEA
ブーツ ——— vivian

day 013 +

腰まで丈があるビッグサイズのニットは、
袖をまくって抜け感をプラス。
足元はヒールで野暮ったさを回避。

ニット ——— SELECT MOCA
パンツ ——— Neuna
バッグ ——— BURBERRY
ブーツ ——— LOWRYS FARM

チェック柄のパンツが主役の日。
同系色のスニーカーを合わせてまとまり感を。
インナーのブラウンが締め色に。

ニット ——— GRL
中に着たトップス ——— UNIQLO
パンツ ——— Kastane
ソックス ——— 無印良品
スニーカー ——— ONIGIRI

day 014 +

上下ゆるゆるでおしゃれなルーズ感を出す

kirimaru

Chapter. TWO

day
— 16
+

day
— 15
+

ロングカーデはワンピースのような
Aラインシルエットをつくるのに◎。
パンツでエレガントさが欲しいときに。

カーディガン —— Amiur
中に着たトップス、パンプス
—— ともにstudio CLIP
パンツ —— STYLEMIXER
カチューシャ —— ANEMONE

オフの日は少年みたいなだぼだぼコーデ

day
— 17
+

頑張りたくない日は、上下大きめサイズで
ゆるっと。その分ヘアは一つにまとめて
すっきりさせるのがポイント。

スウェット —— CHANCECHANCE
パンツ —— UNE MANSION
バッグ —— Tough Travelar
スニーカー —— studio CLIP

パンツの見える面積が大きいほど、
ハンサムなスタイルに。トップスを
ショート丈にすると気分も変わる。

カーディガン —— CHILD WOMAN
トップス —— 丸山礼さんのグッズ
パンツ —— STYLEMIXER
ブーツ —— vivian

RULE 2

トップスをINして脚を長く見せる

太めのパンツでつくるゆるっとしたスタイルが好きだけど、変化をつけたいとき、スタイルをよく見せたいときはトップスをINして印象を変えるよ。特に夏は2ピースコーデが多いからインすることが多いかな。

大きめトップスはインしてコンパクトに。ガーリーなスカートにロンTやバケットハットを合わせてストリートMIXの完成。

トップス —— LOWRYS FARM
スカート —— mystic
ハット —— by mini:r
バッグ —— GRL
ソックス —— 無印良品
バレエシューズ —— SVEC

トップスをINして脚を長く見せる

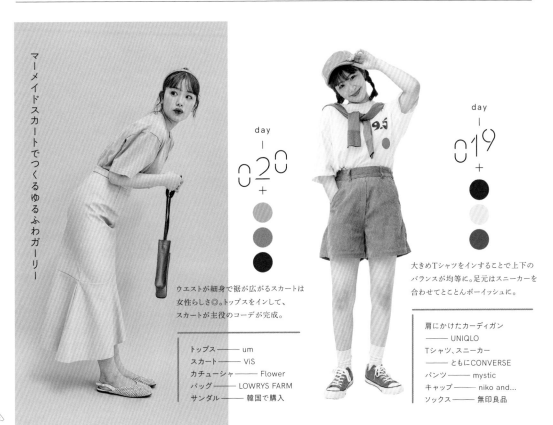

マーメイドスカートでつくるゆるふわガーリー

day
020
+

ウエストが細身で裾が広がるスカートは
女性らしさ◎。トップスをインして、
スカートが主役のコーデが完成。

トップス ——— um
スカート ——— ViS
カチューシャ ——— Flower
バッグ ——— LOWRYS FARM
サンダル ——— 韓国で購入

day
019
+

大きめTシャツをインすることで上下の
バランスが均等に。足元はスニーカーを
合わせてとことんボーイッシュに。

肩にかけたカーディガン
——— UNIQLO
Tシャツ、スニーカー
——— ともにCONVERSE
パンツ ——— mystic
キャップ ——— niko and...
ソックス ——— 無印良品

day
022
+

パフスリーブがかわいいブラウスに、
マーメイドスカートを合わせて。
ヒールサンダルにすれば
よそ行きスタイルの完成。

ブラウス ——— Kastane
スカート ——— ViS
サンダル ——— GRL

day
021
+

シースルーのトップスに、プリーツスカートを
合わせたシンプルな着こなし。
ロングスカートはインするとスタイルアップに。

トップス ——— who's who Chico
スカート ——— UNIQLO
カチューシャ ——— LOWRYS FARM
サンダル ——— 韓国で購入

透け素材で涼しげなモノトーンスタイル

FASHION RULE 2. Kirimaru

day
024 +

王道のカジュアルスタイル。
ロンTのロゴ色とリンクしたストールが
アクセント。足元はパンプスでレディに。

Tシャツ	CIAOPANIC
パンツ	無印良品
マフラー	Acne Studios
パンプス	AmiAmi

day
023 +

バックプリントがかわいいTシャツを
インして脚長効果◎。ニット帽と
スニーカーを合わせればストリートな装いに。

Tシャツ	CONVERSE
パンツ	古着屋で購入
ニット帽	Lee
バッグ	Tough Travelar
スニーカー	VANS

きりまる流アメカジルック。
モスグリーンはワインレッドとの相性が抜群。
中間色にグレーを使えばきれいにまとまる。

トップス	LOWRYS FARM
パンツ	um
スニーカー	CONVERSE

day
025 +

day
026 +

ゆるニットもスカートにイン。
全体のシルエットがすっきりと見え、
フレアな袖がレディ感を際立たせる。

ニット	KBF
スカート	ViS
バッグ	Neuna
ブーツ	Vivian

トップスをINして脚を長く見せる

day
028
+
⬤
⬤
⬤

パンツでつくるおてんばガール

レザー調のパンツにコーデュロイの
ジャケットを合わせたハンサムなスタイル。
ショートブーツでスタイルアップ。

ジャケット	MOUSSY
中に着たトップス	UNIQLO
パンツ	STYLEMIXER
ブーツ	LOWRYS FARM

day
027
+
⬤
⬤
⬤

day
029
+
⬤
⬤
⬤

マスタード×黒でまとめたシックな装い。
足元はローファーを合わせて、
ちょっぴりレトロな女の子を演出。

ブラウス	Kastane
スカート	UNIQLO
ローファー	ONIGIRI

パフスリーブが特徴のブラウスを
ウールパンツにイン。リボンでガーリーさを
プラスした秋のパンツコーデが完成。

ブラウス	Kastane
パンツ	E hyphen world gallery
リボン	apres jour
スニーカー	CONVERSE

FASHION RULE 2.   Kirimaru

RULE
3

体のラインを
拾わない素材を選ぶ

ふんわり素材の
ワンピースは大好物♡

できるだけ体のラインが目立たない素材や形を選ぶのも、ゆるふわコーデのコツ。
特にワンピースは汎用性高め。ただし、だらしなく見えないよう
帽子やシューズなどの小物を上手く取り入れるのが大切。

一枚でやわらかい雰囲気の女の子に仕上がる、
小花柄のワンピースはマストアイテム！
ポイントにカーデを肩がけして。

肩にかけたカーディガン────emif.
ワンピース────きりまる×ehka sopo
ソックス────無印良品
パンプス────studio CLIP

FASHION RULE 3. *Kirimaru*

Chapter. TWO

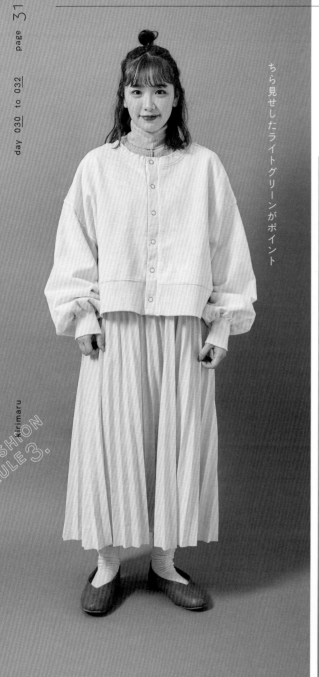

ちら見せしたライトグリーンがポイント

ゆるカーディガンにプリーツスカートを
合わせたゆるふわコーデ。
首元と足に色を足せばおしゃれに決まる。

| カーディガン ── ViS |
| 中に着たトップス ── Kastane |
| ワンピース ── GRL |
| ソックス ── 無印良品 |
| パンプス ── studio CLIP |

無地のワンピースには、紐付きハットや
キルティングのバッグなど、
遊び心のある小物で色を足して。

| ワンピース ── merlot |
| ハット ── 韓国で購入 |
| バッグ ── Neuna |
| ソックス ── 無印良品 |
| バレエシューズ ── SVEC |

小物で遊び心をプラスした上品ルック

day
034
+

足元をスニーカーにして、
アクティブ感アップ！ ボリュームのある
袖でシルエットの変化を楽しんで。

ジャンパースカート ── CIAOPANIC
ブラウス ── Kastane
スニーカー ── CONVERSE

day
033
+

ジャンパースカートが使えるの！

体のラインを気にしなくていい
ジャンパースカートは無敵！
トップスはタイトでも、ボリューミーなものでも◎。

ジャンパースカート ── CIAOPANIC
中に着たトップス ── UNIQLO
ソックス ── 無印良品
ローファー ── ONIGIRI

day
035
+

ノースリーブワンピには、タイトな
インナーをイン。ブラウンのワントーンで
まとめれば落ち着いた雰囲気に。

ワンピース ── Crisp
中に着たトップス、パンプス
── ともにstudio CLIP
バッグ ── LOWRYS FARM

体のラインを拾わない素材を選ぶ

day
036 +

ロングワンピースに透けニットを重ねて、
スカートとして着まわす技ありコーデ。
淡いカラーの組み合わせがキュート。

ニット —— mystic
ワンピース —— um
カチューシャ —— Flower
バッグ —— CLEA
スニーカー —— ONIGIRI

day
037 +

シャツワンピにレイヤードしたスカートを
ちら見せさせる上級テク。
ミリタリーアウターは使い勝手◎。

アウター —— studio CLIP
ワンピース、スカート —— ともにonetome
ソックス —— 無印良品
パンプス —— menue

day
038 +

プリーツ入りのワンピースは、
コーデに動きが出るので着ていて楽しい。
ピンクトーンでかわいくまとめて。

カーディガン —— Kastane
ワンピース —— um
キャップ —— BIG AMERICAN SHOP
バッグ —— CLEA
パンプス —— AmiAmi

Chapter. TWO

FASHION RULE 3. kirimaru

黒、白、グレーを使用したモノトーンスタイル。
あえて小物も黒で統一することで
洗練された上品なスタイルに。

ブラウス―――VANNIE U
スカート―――UNIQLO
スカーフ―――apres jour
バッグ―――LOWRYS FARM
ソックス―――無印良品
パンプス―――AmiAmi

モノトーンをシックに着こなす

R. U L E

4

甘めスタイルには
ブラック小物を差す

どんなコーデにも合う黒アイテムだからこそ、使い方次第でおしゃれ度がグッと上がる。
スカートやワンピースなどの女の子らしいスタイルには、
バッグやシューズで黒アイテムを差して、甘さを調節するのがきりまる流。

甘めスタイルにはブラック小物を差す

day
——
041
+

● ⬤
● ⬤
● ⬤

高さのあるブーツはクールに決まる。
カチューシャでオールバックにすると
より大人っぽい雰囲気に。

スウェット ―― CIAOPANIC
スカート ―― ViS
カチューシャ、ブーツ
―― ともにLOWRYS FARM
バッグ ―― GRL

小動物みたいなふわふわコーデを黒で締める

ASHION
RULE 4.
Kirimaru

黒でエッジを利かせた韓国ガール風

Chapter. TWO

day
——
040
+

● ⬤
◯ ⬤
● ⬤

ブラウンとホワイトでまとめたやわらかい
印象のコーデに、ミニバッグとパンプスで
締め色をプラスしてメリハリを。

ワンピース ―― ehka sopo
トップス ―― UNIQLO
ハット ―― halo commodity
バッグ ―― GRL
ソックス ―― 無印良品
パンプス ―― AmiAmi

day
043
+

ゆったりワンピースに黒小物をオン。
くすみブルー×白×黒はたまに着たくなる
きりまる流遊びカラー。

ワンピース	不明
ブラウス	VANNNIE U
バッグ	CLEA
パンプス	AmiAmi

day
044
+

韓国のおしゃれな子をイメージした
ガーリースタイル。ウール素材の
バケットハットは着まわし力抜群◎。

| ジャンパースカート、スウェット |
| ——— ともにCIAOPANIC |
| ハット ——— by mun:r |
| バレエシューズ ——— SVEC |

day
042
+

たまには寒色系でまとめてみる

寒色系+黒でまとめると落ち着いた
印象のスタイルに。ヘアはゆるく巻き
エアリー感を出してかわいさキープ。

| ジャンパースカート ——— CIAOPANIC |
| ニット ——— mystic |
| バッグ ——— GRL |
| ソックス ——— 無印良品 |
| バレエシューズ ——— SVEC |

甘め スタイル には ブラック 小物 を 差す

FASHION RULE 4. Kirimaru

day
045 +

ダークカラーの面積が大きいコーデは、
茶色の小物をミックス。
バッグとシューズを茶色にして軽さを出す。

ニット	JEANASIS
スカート	GU
カチューシャ	LOWRYS FARM
バッグ	BURBERRY
ソックス	無印良品
パンプス	studio CLIP

day
046 +

淡いトーンでまとめた清楚ルックには、
スクエアバッグをアクセントに。
黒いバッグは形違いで持っておくと便利!

ニット	LOWRYS FARM
ワンピース	um
バッグ	GRL
パンプス	AmiAmi

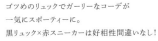

day
047 +

ゴツめのリュックでガーリーなコーデが
一気にスポーティーに。
黒リュック×赤スニーカーは好相性間違いなし!

トップス	emutto
スカート	mystic
リュック	moi tytto
スニーカー	CONVERSE

RULE 5 やっぱりコンバースは使える!

「今日は何を履こう?」と迷ったときの救世主。カジュアルなコーデはもちろん、レディなスタイル、お仕事ルック、どんなコーデにも使えるコンバースのスニーカー。1色、いや2,3色持っておいて損はなし!

day
048 +

着まわし力抜群優勝スニーカー!

カジュアルなコーデとコンバースは
もちろん相性抜群。カラーも豊富だから
差し色にしてもおすすめ。

トップス	きりまる×ehka sopo
パンツ	um
キャップ	BIG AMERICAN SHOP
ソックス	無印良品
スニーカー	CONVERSE

day 048 to 050

レディ×ミリタリーMIXコーデにも

FASHION RULE 5. Kirimaru

少しかしこまった打ち合わせの日も

day

050
+

くすみレッドのコンバースは
コーデの差し色としてヘビロテ必至。
暖色、寒色、どんな色にもマッチする。

アウター	—— studio CLIP
ワンピース	—— merlot
カチューシャ	—— ANEMONE
ソックス	—— 無印良品
スニーカー	—— CONVERSE

day

049
+

私服OKの仕事場なら、コンバースは
もってこい。オフィスカジュアルの
ハズしアイテムとしておすすめ。

ジャケット	—— MOUSSY
トップス、パンツ、カチューシャ	
	—— すべてLOWRYS FARM
メガネ	—— JINS
バッグ	—— Neuna
スニーカー	—— CONVERSE

day

052 +

上下大きめサイズのコーデには、
コンバースの華奢さがマッチ。パンツと
リンクさせたモスグリーンをチョイス。

ニット	—— SELECT MOCA
パンツ	—— um
ニット帽	—— Acne Studios
スニーカー	—— CONVERSE

day

051 +

くすみグリーンも一押しカラー。
ゆるふわコーデとの相性がよく、
おしゃれ度もアップ。

ワンピース	—— um
カチューシャ	—— mystic
バッグ	—— BURBERRY
スニーカー	—— CONVERSE

day

055 +

手持ちの服にある色のコンバースを
選ぶと、着まわしやすさアップ。靴と
全体のトーンを合わせてもおしゃれ♡

ニット	—— titivate
中に着たトップス	—— LOWRYS FARM
スカート	—— 韓国で購入
ソックス	—— 無印良品
スニーカー	—— CONVERSE

ゆるワンピースにピンクのアウターを
合わせた甘めコーデは、赤スニーカー
でハズすとバランスが◎。

アウター	—— 韓国で購入
ワンピース	—— um
スニーカー	—— CONVERSE

フェミニンさをコンバースでハズす

day

054 +

day

053 +

モノトーン×赤コンバースは王道の
組み合わせ。コーデが少し物足りないと
思ったときは、スニーカーで色をプラス。

肩にかけたシャツ、スウェット	
	—— ともにum
スカート	—— 韓国で購入
スニーカー	—— CONVERSE

RULE

6

ノーカラーシャツのすすめ

コーデの幅を広げるには、いろんなスタイルに馴染みやすい、ノーカラー（ヘリなし）シャツがとても便利。羽織ったり、レイヤードしたり、もちろんそのまま着るのも。いろんな組み合わせを試してみて。

day
056
+

オーバーサイズのノーカラーシャツは万能！

中にタートルネックを仕込めば
羽織りとしても活躍。ハリ感のある
ボトムスでコーデにメリハリをつけて。

シャツ———— um
中に着たトップス——UNIQLO
パンツ————STYLEMIXER
ソックス————無印良品
パンプス———— AmiAmi

day

057+

細身のパンツをチョイスして逆三角形を
意識すればバランスの取れたスタイルに。
首元のマフラーがアクセント！

| シャツ —— um |
| パンツ —— LOWRYS FARM |
| マフラー —— KBF |
| スニーカー —— CONVERSE |

シャツはインせずゆるく着こなすのがきりまる流

マフラーで首元にボリュームをプラス

day

058+

スカートは広がりすぎないものを選んで
すっきり見せて。シャツのボタンは
ウエスト辺りから外して抜け感もつくって。

| シャツ —— um |
| スカート —— onetome |
| スニーカー —— CONVERSE |

ノーカラーシャツのすすめ

day
060 +

Tシャツ+パンツのラフなコーデに
さらっと羽織ると大人っぽさがUP。
抜き襟にすればこなれ感が出て◎。

シャツ、パンツ —— ともにum
中に着たTシャツ
—— 丸山礼さんのグッズ
サンダル —— NOFALL

day
059 +

透け感のあるシャツは少し暖かくなった
頃に大活躍。ゆるパンツとサンダルを
合わせて楽チンコーデの完成！

シャツ —— VANNIE U
パンツ —— LOWRYS FARM
サンダル —— NOFALL

ASHION RULE 6. Kirimaru

day
062 +

シンプルなシャツも、あえて片側だけ
インすれば新鮮な雰囲気に。濃い色の
ボトムスでコーデにメリハリをつけて。

シャツ、パンツ —— ともにum
ローファー —— ONIGIRI

ウエストマークがスタイルアップのカギ

day
061 +

首元がすっきりしているので、下に
ボリュームがあるサロペットに合わせても◎。
袖のふくらみもしっかりアピール。

サロペット —— FIKA.
シャツ —— VANNIE U
メガネ —— JINS
パンプス —— studio CLIP

day
063 +

淡いカラーでまとめた軽やかなコーデ。
大きめのシャツでもウエストに切り替えの
あるものならすっきりした印象に。

シャツ —— Kastane
パンツ —— SELECT MOCA
シュシュ —— Puretre
サンダル —— NOFALL

RULE 7

ちら見せレイヤードテク

おしゃれ度格上げのコツはレイヤードにあり！

普段のコーデにシャツやタートルネックを仕込むまる流テクは必見。

ポイントを押さえれば簡単に真似できるものばかりなので、参考にしてみて。

シャツのチラ見せで洗練度アップ！

シャツをIN

day
—
064
+

白シャツは柄ニットの引き立て役としても活躍。
ショートパンツとスニーカーを合わせて、
アクティブコーデの完成！

ニット、中に着たシャツ —— ともにehka sopo
パンツ —— mystic
キャップ —— BIG AMERICAN SHOP
ソックス —— 無印良品
スニーカー —— Onitsuka Tiger

day 064 to 066

白シャツが深み色コーデのアクセントに

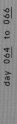

FASHION RULE 7.
Karimaru

シャツをIN

シャツをIN

スウェットとシャツの相性は抜群！

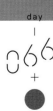

day

066
+
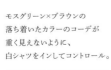

モスグリーン×ブラウンの
落ち着いたカラーのコーデが
重く見えないように、
白シャツをインしてコントロール。

ニット、パンツ —— ともにJEANASIS
中に着たシャツ —— ehka sopo
パンプス —— studio CLIP

day

065
+

大きめのスウェットの裾から白いシャツを
覗かせて大人っぽく。
首元がすっきり見える
ノーカラーシャツを選ぶのがポイント。

スウェット —— CHANCECHANCE
中に着たシャツ —— ehka sopo
パンツ —— 無印良品
バッグ —— mystic
スニーカー —— VANS

Chapter. TWO

タートルネックをIN

day
068 +

リボンが印象的なトップスからメロウデザインの袖を覗かせてガーリーな要素を足し算。小物は甘すぎないブラックを。

カーディガン —— pou dou dou TIME
中に着たトップス —— w closet
スカート —— onetome
カチューシャ —— LOWRYS FARM
ソックス —— 無印良品
バレエシューズ —— SVEC

day
067 +

シアー素材のタートルネックが使える！

タートルネックをIN

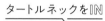

透け感のあるトップスをレイヤードすることで女っぽさがアップ。タイトスカートでバランスを取るのも忘れずに。

カーディガン —— CHILD WOMAN
中に着たトップス —— w closet
スカート —— 韓国で購入
メガネ —— JINS
ソックス —— 無印良品
スニーカー —— CONVERSE

タートルネックをIN

day
069 +

ベージュのワンピースも首元に白を足すだけでフレンチシックな雰囲気に。レザー小物を足して上品さもプラス。

ワンピース —— mystic
中に着たトップス —— w closet
メガネ —— JINS
バッグ —— IL BISONTE
ローファー —— ONIGIRI

FASHION RULE 7. kirimaru

Chapter. TWO

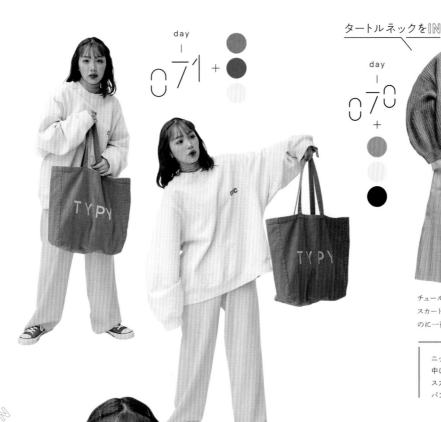

day
071 +

タートルネックをIN

day
070 +

チュール素材のタートルネックはニット×
スカートのゆるコーデにメリハリを出す
のに一役買ってくれる優秀アイテム。

ニット —— Cepo
中に着たトップス —— w closet
スカート —— onetome
パンプス —— AmiAmi

タートルネックをIN

day
072 +

タートルネックをIN

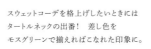

スウェットコーデを格上げしたいときには
タートルネックの出番！ 差し色を
モスグリーンで揃えればこなれた印象に。

スウェット —— CHANCECHANCE
中に着たトップス —— UNE MANSION
パンツ —— E hyphen world gallery
バッグ —— CIAOPANIC
スニーカー —— CONVERSE

パープル×マスタードの濃い色味を
まとめてくれるのが白のアイテム。
インナーと小物の色を揃えて
まとまりを出して。

カーディガン —— GRL
中に着たトップス —— UNIQLO
パンツ —— STYLEMIXER
パンプス —— AmiAmi

シャツでグラデーションをつくる

シャツワンピをIN

スリット入りのシャツとボトムスで
揃えた上級者レイヤード。こっくりとした色
のカーディガンでコーデを引き締めて。

カーディガン —— emit
中に着たトップス —— um
パンツ —— Neuna
パンプス —— AmiAmi

day
073 +

シャツワンピをIN

day
075 +

淡いカラーのコーデには、白シャツを
投入してメリハリをつけて。裾を長めに
出して、程よいリラックス感も演出。

ニット —— LOWRYS FARM
中に着たトップス —— ehka sopo
スカート —— studio CLIP
ソックス —— 無印良品
スニーカー —— ONIGIRI

タートルネックをIN

day
074 +

くすみカラー同士のレイヤードも意外と
馴染むのでおすすめ。ボトムスや小物は
濃いめカラーでメリハリをつけて。

ベスト、バッグ —— ともにLOWRYS FARM
中に着たトップス —— Kastane
パンツ —— JEANASIS
スニーカー —— CONVERSE

シャツをIN

day
076 +

白シャツを足すことで、グレーと
ライトブルーが際立って着映え感がアップ。
タック入りパンツできちんと感も演出。

ニット —— LOWRYS FARM
中に着たトップス —— ehka sopo
パンツ —— UNIQLO
スニーカー —— VANS

RULE

8

物足りないときはベストを投入

ニットやキルティングなど素材で使い分けたり、丈感で全体のバランスを調整したり、ベストでも着こなし方はさまざま！

コーデに迷ったときや物足りなさを感じたときには、ベストをプラスすれば間違いなし。

FASHION RULE 8.

kirimaru

こなれ感の出るもこもこベストはマスト！

day

077

Chapter.TWO

ボア素材のベストはコーデに
暖かみと深みを出してくれる優れもの。
同素材のベレー帽を
合わせているのがおしゃれ！

ベスト、スカート —— ともに韓国で購入
スウェット —— きりまる×ehka sopo
ハット —— halo commodity
ソックス —— 無印良品
パンプス —— menue

day
079
+

ニットONニットをこなれて見せるには
全体の配色がカギ。トップスを深めカラーで
レイヤードしたなら、ボトムスは明るめに。

ベスト	—— SELECT MOCA
ニット	—— GU
パンツ	—— STYLEMIXER
ブーツ	—— Vivian

Vネックのニットベストで雰囲気をチェンジ

ニット同士のレイヤードが新鮮

day
078
+

ビッグシルエットのシャツにベストを
合わせてトラッドスタイルにチェンジ。
ニット帽で遊び心も忘れない。

ベスト	—— ehka sopo
シャツ	—— SM2
パンツ	—— きりまる×ehka sopo
ニット帽	—— Acne Studios
ソックス	—— 無印良品
ローファー	—— ONIGIRI

物足りないときはベストを投入

day 078 to 085

day 081 +

ゆるっとしたニットベストはレディな
スタイルにも合う！ ペールトーンで
揃えて優しい雰囲気をまとって。

| ベスト、パンプス—— |
| ともにLOWRYS FARM |
| 中に着たトップス—— UNIQLO |
| スカート—— ViS |

キルティングが施されたロングベストは
コーデの引き締め役に。ボタンを外して
パンツのカラーをさりげなく見せて。

| ベスト—— I_am |
| 中に着たトップス—— emutto |
| パンツ—— SELECT MOCA |
| ローファー—— ONIGIRI |

day 080 +

day 084 +

ロング丈ベストはアウターとしても大活躍

ニットと柄パンツのワンツーコーデに
こなれ感を出すにはキルティングベストで
解決。異素材MIXが上級者っぽい。

| ベスト—— I_am |
| 中に着たトップス—— UNIQLO |
| パンツ—— JEANASIS |
| ブーツ—— Vivian |

day 083 +

ロング丈のシャツにショート丈ベストを
レイヤード。サイドスリットからモスグリーン
を覗かせて抜け感もつくって。

| ベスト—— Kastane |
| 中に着たトップス、パンツ—— ともにum |
| ソックス—— 無印良品 |
| パンプス—— AmiAmi |

day 082 +

Vネックのシックなベストコーデは
ウエストにベルトを巻くことで
さらにスタイリッシュに。

| ベスト—— UNE MANSION |
| 中に着たトップス—— Kastane |
| パンツ—— JEANASIS |
| ブーツ—— LOWRYS FARM |

day 085 +

シンプルなシャツにはショート丈
ニットベストが鉄板。差し色をブラウン系で
統一すれば落ち着きのある大人コーデに。

| ベスト—— Kastane |
| 中に着たトップス—— 不明 |
| パンツ—— きりまる×ehka sopo |
| パンプス—— menue |

Chapter. TWO

7つの愛しい色合わせ

Recommend Three Colors

きりまるらしい3色から、
普段はあまりしない色の組み合わせまで、
7パターンの色合わせでコーディネートを組んでみたよ！
あなたはどのカラーが好き？

01:

Beige / Gray / Light blue

**爽やかで優しい
3つのくすみカラー**

day
―
086

ライトブルーのワンピースに
ベージュの小物を合わせてほん
のり甘いスタイルに。春のピク
ニックに行きたくなるね。

ワンピース¥5,478／ViS（ジュ
ンカスタマーセンター）　ハット
¥3,900、バッグ¥4,990／とも
にRiLi（RiLi.STORE）　パンプ
ス¥6,500／オリエンタルトラ
フィック（ダブルエー）

kirimaru

Chapter. THREE

day 088

Let's sing together!

day 087

シンプルだけど、大ぶりのボタンやチェーンのバッグなど細部に遊びが利いたコーディネート。イヤリングで顔まわりも華やかに。

カーディガン¥7,370、スカート¥6,050、パンプス¥5,060、バッグ¥5,170／すべてMERY shop（MERY）　ピアス¥2,189／RiLi（RiLi.STORE）

day 089

hey! hey!

day 091

オーバーサイズのスウェットに着心地抜群のパンツを合わせて、リラックスモードに着るのが気分。

スウェット¥6,490／who's who Chico（SALON by Chico 新宿ルミネエスト店）　パンツ¥7,150／mystic（mystic ベースヤード原宿店）　ピアス¥2,189／RiLi（RiLi.STORE）　リング¥1,650／Amelia.×MERY shop（MERY）　サンダル¥5,830／SELECT MOCA

ベージュのフリンジベストがもこもこでキュート！素材感が楽しいプレイフルなスタイリング。

ベスト¥7,590／who's who Chico（SALON by Chico 新宿ルミネエスト店）　トップス¥2,090／e-zakkamania stores　パンツ¥4,290／SELECT MOCA　パンプス¥6,500／オリエンタルトラフィック（ダブルエー）

day 090

鮮やかなブルーのアウターがコーデを引き締める！　グレーのミニスカートでアクティブガーリーな着こなしに。

アウター¥7,370、スカート¥5,060／ともにMERY shop（MERY）　中に着たトップス¥1,900／e-zakkamania stores　ソックス、スニーカー／ともに本人私物

レースのベストがメルヘンな雰囲気のワンピースを主役に。足元は肌を見せて抜け感を演出。

ワンピース¥8,690／who's who Chico（SALON by Chico 新宿ルミネエスト店）　ハット¥3,520／MERY shop（MERY）　サンダル¥5,830／SELECT MOCA

02:

Beige / Brown / Camel

きりまると言えばこの3色！
でも印象はこんなに変わる！

day
—
092

トレンチコートが主役のト
ラッドスタイル。白いソッ
クスにレオパード柄のパン
プスを合わせて重さを回避。

アウター¥10,120、バッグ
¥5,280／ともにSELECT
MOCA　中に着たトップス
¥4,950／MERY shop（M
ERY）　パンプス¥2,990／
e-zakkamania stores
ソックス／本人私物

kirimaru

Chapter. THREE

wow!

wow!

Vラインの首まわりとアップヘアですっきりした印象に。動くたびに揺れるスカートがかわいい。

ワンピース¥5,500／ViS（ジュンカスタマーセンター）カチューシャ¥1,639／RiLi（RiLi.STORE）バッグ¥5,500／MERY shop（MERY）サンダル／本人私物

ジャケットとAラインのワンピースがレディな印象。袖からワンピースをチラ見せさせて力を抜いて。

ジャケット¥5,500、パンプス¥5,060、バッグ¥5,170／すべて MERY shop（MERY）ワンピース¥6,380／Isn't She? × MERY shop（MERY）リング¥1,980／Amelia.×MERY shop（MERY）

カジュアルなコーデに大ぶりのピアスと革バッグできれいめの味付け。レオパード柄のパンプスで遊んで！

ニット¥6,490、パンツ¥4,510／ともに SELECT MOCA ピアス¥2,900／318.company × MERY shop（MERY）バッグ¥5,500／MERY shop（MERY）パンプス¥2,990／e-zakkamania stores

くすみカラーで統一した優しい印象のコーデには、レザーのミニスカートでスパイスを足して。

アウター¥10,120／SELECT MOCA 中に着たトップス¥4,950、スカート¥5,280、ポーチ付きバッグ¥5,170／すべて MERY shop（MERY）ブーツ¥11,550／mystic（mysticベースヤード原宿店）

ゆるっとトップスもタックパンツと合わせればラフだけどきれいに見える。ほっこりカラーで統一したまとまりのあるスタイル。

シャツ¥2,750／CIAOPANIC TYPY（CIAOPANIC TYPY ベースヤード原宿店）パンツ¥5,720／MERY shop（MERY）ピアス¥2,189／RiLi（RiLi.STORE）サンダル¥5,830／SELECT MOCA

03 :

Beige / Light green / Brown

どの色を主役にするかで
印象が変わる3色

day
098

ゆったりシルエットのブラウスはベルトで
スタイルアップ。ボトムスには厚手のキル
ティングパンツを合わせて、メリハリを。

シャツ¥5,148、サンダル¥5,830／ともに
SELECT MOCA　パンツ¥5,280／e-zak
kamania stores　ピアス※参考商品／Ri
Li（RiLi.STORE）　ベルト¥2,398／ViS
（ジュンカスタマーセンター）

kirimaru

Chapter. THREE

\\ Nice dress code! //

day
—
099

day
—
102

day
—
101

day
—
100

day
—
103

ワントーンのちょっとそこまでお出かけスタイル。サンダルとバッグを同色で揃えて、さりげないおしゃれを。

サロペット¥8,250／KBF（ケービーエフ ラフォーレ原宿店） トップス¥2,750／ROPÉ PICNIC（ジュンカスタマーセンター） バッグ¥2,390／RiLi（RiLi.STORE） サンダル¥7,590／who's who Chico（SALON by Chico 新宿ルミネエスト店）

タートルネックのニットベストにはお団子ヘアを合わせてバランス良く。足元はスニーカーでカジュアルに。

ニットベスト¥5,390／SELECT MOCA ワンピース¥6,380／MERY shop（MERY） ソックス、スニーカー／ともに本人私物

爽やか×濃いブラウンのチョコミントコーデ。足先が見えるサンダルで抜け感を出してコーデのバランスを。

カーディガン¥4,950／Isn't She? × MERY shop（MERY） パンツ¥4,378／ViS（ジュンカスタマーセンター） バッグ¥5,170／MERY shop（MERY） サンダル¥5,940／RiLi（RiLi.STORE）

レーストップスにフレアスカートの愛らしさいっぱいなドーリースタイル。足元のシックなブラウンが差し色に。

トップス¥6,490、スカート¥7,150／ともにmystic（mystic ベースヤード原宿店） ピアス¥2,189／RiLi（RiLi.STORE） パンプス¥5,830／SELECT MOCA

きれいめに過ごしたい日のスタイル。レザースカートを合わせれば、甘すぎずレディなオフィススタイルの完成。

アウター¥8,250、スカート¥6,050、パンプス¥5,060／すべてMERY shop（MERY） トップス¥1,990／marvelous by Pierrot

day — 105

トレーナー×デニムサロペットのメンズ
ライクな着こなし。パンプスを合わせて、
レディらしさは残して。

サロペット¥8,690／CIAOPANIC TYPY
（CIAOPANIC TYPY ベースヤード原宿
店）　トップス¥4,180、パンプス¥6,380
／ともに MERY shop（MERY）

day — 104

スタンダードカラーでつくるシックに決
めたい日の装い。寒色メインのコーデも
淡い色で統一すれば、春にもぴったり。

アウター¥8,250、中に着たトップス¥4,
950、パンツ¥6,380／すべて MERY
shop（MERY）　パンツ¥6,930／SELE
CT MOCA

04:

Beige / White / Navy

**定番だからこそ
着こなしの技が光る3色**

day — 107

アウターが主役の上質でシックなコー
ディネート。小物はレザーを選んでレ
ディなスタイルに。

アウター¥10,450／mystic（mystic ベー
スヤード原宿店）　バッグ¥5,170／ME
RY shop（MERY）　パンプス¥5,830／
SELECT MOCA

day — 106

きれいめブラウスにデニムを合わせてカジュ
アルダウンさせた着こなしが好印象。ベー
ジュのバッグで落ち着いた雰囲気に。

ブラウス（ベスト付き）¥7,480／Isn't She?
× MERY shop（MERY）　パンツ¥5,280、
バッグ¥5,170／ともに MERY shop（MERY）
パンプス¥8,500／オリエンタルトラフィッ
ク（ダブルエー）

day ― 112

白いブラウス×フレアスカートのフェミニンな組み合わせを、ネイビーのコートで引き締めて。抜け感はサンダルで。

アウター¥10,450、スカート¥6,500／ともにmystic（mystic ベースヤード原宿店）　トップス（ベスト付き）¥7,480／Isn't She? × MERY shop（MERY）　バッグ¥4,990／RiLi（RiLi.STORE）　サンダル¥7,590／who's who Chico（SALON by Chico 新宿ルミネエスト店）

day ― 113

ボーイッシュなオーバーサイズのサロペット。ヒールブーツや小ぶりなレザーバッグを合わせてガーリーに仕上げて。

トップス¥4,950、バッグ¥5,170／MERY shop（MERY）　サロペット¥8,690／CIAOPANIC TYPY（CIAOPANIC TYPY ベースヤード原宿店）　メガネ¥3,278／ViS（ジュンカスタマーセンター）　ブーツ¥9,119／RiLi（RiLi.STORE）

day ― 109

ベストにロング丈のスカートで、ちょっぴりいい子ちゃんコーデ。ウッドビーズのバッグで遊ぶのがポイント。

トップス（ベスト付き）¥7,480／Isn't She? × MERY shop（MERY）　スカート¥4,994、バッグ¥5,280、パンプス¥5,830／すべて SELECT MOCA

day ― 111

楽チンなレイヤードのカギはオーバーサイズのデニムポンチョ！　足元のサンダルがリラックスムードを引き立てる。

ポンチョ¥10,450／KBF（ケービーエフ ラフォーレ原宿店）　中に着たニット¥4,950／MERY shop（MERY）　パンツ¥4,290、サンダル¥5,830／ともに SELECT MOCA

day ― 108

ボディラインの際立つトップスにオーバーサイズのベストを羽織ってメリハリを。レザーのパンプスで大人っぽく。

ベスト¥5,500／JEANASIS（アダストリア）　中に着たトップス¥3,990／RiLi（RiLi.STORE）　パンツ¥5,280／MERY shop（MERY）　パンプス／本人私物

day ― 110

一枚でレイヤード風の優秀ワンピースを主役に。スニーカーで足元はラフに。

ワンピース¥6,600／ROPÉ PICNIC（ジュンカスタマーセンター）　バッグ¥3,970／marvelous by Pierrot　スニーカー／本人私物

05:

White / Black / Brown

大人びた雰囲気の3カラーにトライ!

day
—
114

レザースカートとメッシュブーツを合わせた上級者のスタイリング。お団子ヘア×スカーフで顔まわりを華やかに。

アウター※参考商品／CIAOPANIC TYPY（CIAOPANIC TYPY ベースヤード原宿店）　スカート¥5,390／e-zak kamania stores　スカーフ¥2,290／RiLi（RiLi.STORE）　ブーツ¥11,550／mystic（mystic ベースヤード原宿店）

day
—
118

day
—
117

day
—
116

day
—
115

デコルテラインがきれいに見えるカーディガンをホワイトパンツにイン。シンプルなときこそきれい見えを意識して。

トップス¥4,290／who's who Chico（SALON by Chico 新宿ルミネエスト店）　パンツ¥6,930、パンプス¥5,830／ともにSELECT MOCA

オーバーサイズなロンTにニットビスチェで女性らしさを足した技ありレイヤード。足元は白いブーツを合わせてスタイルアップさせて。

ビスチェ¥3,490、ブーツ¥9,119／ともにRiLi（RiLi.STORE）　ビッグロンT¥5,500／JEANASIS（アダストリア）

華やかなシーンもブラック×ブラウンでシックに。明るい色で揃えた小物でメリハリをつけて。

トップス¥5,390／who's who Chico（SALON by Chico 新宿ルミネエスト店）　スカート¥5,720／MERY shop（MERY）　バッグ¥4,510、パンプス¥5,830／ともにSELECT MOCA

デニムパンツにショート丈ジャケットのカジュアルコーデもブーツでちょっぴりレディに。

ジャケット¥6,000／JEANASIS（アダストリア）　パンツ¥8,690／mystic（mystic ベースヤード原宿店）　バッグ¥5,500／MERY shop（MERY）　ブーツ／本人私物

Do you wanna play tennis?

peace

day
119

バックプリントがおしゃれ心を掻き立てるラフなTシャツコーデ。ハットとパンプスを合わせてかわいらしさをプラス。

Tシャツ¥3,278、パンツ¥7,900／ともにViS（ジュンカスタマーセンター）ハット¥3,850／mystic（mystic ベースヤード原宿店）パンプス¥5,830／SELECT MOCA

day
123

異なる生地感が楽しいトップスとパンツの組み合わせ。きれいめの白いパンプスがアクセント。

トップス¥4,840／MERY shop（MERY）パンツ¥5,280／e-zakkamania stores　パンプス／本人私物

day
122

シンプルな3色でも、透ける素材で重ね着すれば簡単におしゃれ！ベルトでウエストをマークすればスタイルも良く。

ワンピース¥4,290／CIAOPANIC TYPY（CIAOPANICTYPY ベースヤード原宿店）中に着たトップス¥3,300／ROPÉ PICNIC（ジュンカスタマーセンター）パンツ¥6,490／mystic（mystic ベースヤード原宿店）ベルト¥2,838／ViS（ジュンカスタマーセンター）バッグ¥5,280／SELECT MOCA　パンプス¥2,990／e-zakkamania stores

day
121

シャツワンピースを選んだリラックススタイルもモノトーンならシックにまとまる。小物もきれいめを選ぶのがコツ。

カーディガン¥6,940／who's who Chico（SALON by Chico 新宿ルミネエスト店）ワンピース¥7,590／CIAOPANIC TYPY（CIAOPANIC TYPY ベースヤード原宿店）バッグ¥5,280／SELECT MOCA　ミュール¥3,949／titivate

day
120

ショート丈のジャケット＆トップスで脚を長く見せるのが着映えの秘訣。柄のバッグでシンプルコーデを引き立てて。

ジャケット¥8,690／who's who Chico（SALON by Chico 新宿ルミネエスト店）トップス¥4,950、パンツ¥6,490、バッグ¥5,390／すべてmystic（mystic ベースヤード原宿店）サンダル¥5,940／RiLi（RiLi.STORE）

day
125

day
124

06 :

Moss green / White / Beige

ほっこり癒やされるアースカラー3色

緑でも、モスグリーンのワンピースなら合わせやすい。優しい色味のコーデに少女のような三つ編みヘアを合わせて。

ワンピース¥5,478／ViS（ジュンカスタマーセンター）　バッグ¥5,280／SELECT MOCA　パンプス／本人私物

鮮やかカラーのニットベストをワントーンのアイテムと組み合わせると好バランス！　足元はサンダルでラフに。

ベスト¥3,520、パンツ¥4,290、サンダル¥5,830／すべて SELECT MOCA　中に着たワンピース¥4,400／ROPÉ PICNIC（ジュンカスタマーセンター）

day
126

モスグリーンのワンピースを主役に、合わせるアイテムのトーンを揃えたよ。おすすめの緑の取り入れ方。

ジャケット※参考商品／CIAOPANIC TYPY（CIAOPANIC TYPY ベースヤード原宿店）　ワンピース¥6,490／e-zakkamania stores　バッグ¥5,280、パンプス¥5,830／ともに SELECT MOCA　ソックス／本人私物

day
128

アースカラーで統一すればカジュアルなスタイルもきりまる風に。カーディガンは肩がけにしてこなれ感を加速。

肩にかけたカーディガン¥2,090／e-zakkamania stores　ジャケット¥14,300／mystic（mystic ベースヤード原宿店）　パンツ¥4,950／CIAOPANIC TYPY（CIAOPANIC TYPY ベースヤード原宿店）　リング¥1,980／Amelia.×MERY shop（MERY）　スニーカー／本人私物

day
127

楽チンにおしゃれが叶うスウェットはフレアスカートを合わせて甘く着こなしてみるのも◎。純白を選ぶと大人っぽい。

スウェット¥4,180、バッグ¥5,170／ともに MERY shop（MERY）　スカート¥7,150／mystic（mystic ベースヤード原宿店）　ピアス¥2,519／RiLi（RiLi.STORE）　サンダル¥18,700／chay collections by DIANA（ダイアナ 原宿店）

day — 131

ジャケットを羽織って、かわいいワンピースの甘さを抑えて。カジュアルになりすぎないようにパンプスをチョイス。

ジャケット¥8,900、ワンピース¥6,490／ともにe-zakkamania stores　パンプス¥5,060／MERY shop（MERY）

day — 130

上はカジュアル、下はフェミニンで遊びを利かせて。色のトーンを揃えれば、スタイルをミックスしても統一感をキープ。

肩にかけたシャツ¥6,490／e-zakkamania stores　トップス¥5,390／CIAOPANIC TYPY（CIAOPANIC TYPY ベースヤード原宿店）スカート¥8,690／mystic（mystic ベースヤード原宿店）　パンプス¥6,380／MERY shop（MERY）

day — 129

ストンとしたシルエットがリゾート気分のワンピース。スカーフを合わせてレディに決めた夏コーデ。

ワンピース¥4,378、スカーフ¥2,200／ともにViS（ジュンカスタマーセンター）　バッグ¥4,510／SELECT MOCA　スリッパ¥15,950／ダイアナ（ダイアナ 銀座本店）

day — 134

レザージャケットとレトロガーリーなワンピースで甘辛ミックスコーデの完成。白いブーツで足元は軽く。

アウター¥7,678／ViS（ジュンカスタマーセンター）　ワンピース¥6,600／Isn't She? × MERY shop（MERY）　ブーツ¥9,119／RiLi（RiLi.STORE）

day — 133

お出かけにぴったりのカジュアルな組み合わせ。ゆるシャツとニットパンツでノンストレスに行こう。

シャツ¥6,490、中に着たトップス¥5,390／ともにCIAOPANIC TYPY（CIAOPANIC TYPY ベースヤード原宿店）　パンツ¥4,510／SELECT MOCA　スニーカー／本人私物

day — 132

ナチュラルなワンピースに、レディなポインテッドトゥのパンプスを合わせて。心地よいおしゃれを堪能。

ワンピース¥6,490／e-zakkamania stores　中に着たニット¥4,950／MERY shop（MERY）　パンプス¥8,500／オリエンタルトラフィック（ダブルエー）

07:

Black / Purple / Pink

黒を甘く着たい君に……
きりまるおすすめの甘かわ３色

day — 136

day — 135

黒いベルトに視線を集めてスタイルアップ。ライトな色味のパープルとピンクは初心者でも挑戦しやすい。

トップス¥2,750／CIAOPANIC TYPY（CIAOPANIC TYPY ベースヤード原宿店）　スカート¥4,950、ベルト¥2,178／ともにViS（ジュンカスタマーセンター）　バッグ¥5,170／MERY shop（MERY）　サンダル¥7,590／who's who Chico（SALON by Chico 新宿ルミネエスト店）

思い切って全身ピンクとパープルでプレイフル！　トーンが揃って見える淡い色を合わせるのがおしゃれのコツ。

シャツ¥4,994、サンダル¥5,500／ともにSELECT MOCA　パンツ¥5,500／MERY shop（MERY）　バッグ¥5,390／mystic（mystic ベースヤード原宿店）

Sweet & Cute

ニットベストと落ち感がきれいに出るシャツワンピースの相性は抜群！　ブラックの小物がコーデ全体を引き締める。

ベスト¥3,520、バッグ¥4,070／ともにSELECT MOCA　ワンピース¥3,970／marvelous by Pierrot　サンダル¥18,700／タラントン by ダイアナ（ダイアナ 銀座本店）

day — 137

day — 139

day — 138

リボンブラウスとフレアスカートでレディに。全身甘いアイテムでも、うまく黒を取り入れれば大人っぽく仕上がる。前後で長さが違うスカートは歩くたびきれいに揺れる。

手に持ったジャケット¥5,490／RiLi（RiLi.STORE）　ブラウス¥1,899／GRL　スカート¥4,840／MERY shop（MERY）　ブーツ／本人私物

ボトムスをブラックでまとめたモードな着こなし。首まわりにレースのタートルネックを覗かせて、華やかに。

カーディガン¥3,290／MERY shop（MERY）　中に着たトップス¥2,490／RiLi（RiLi.STORE）　パンツ¥7,590／SELECT MOCA　パンプス¥6,500／オリエンタルトラフィック（ダブルエー）

day — 142

メッシュのブラウスときれいめパンツでフェミニンムードたっぷりの着こなし。黒の小物はレディなものを。

ブラウス¥4,990、パンツ¥1,499／ともにRiLi（RiLi.STORE）　バッグ¥4,070／SELECT MOCA　サンダル¥7,590／who's who Chico（SALON by Chico 新宿ルミネエスト店）　中に着たキャミソール／本人私物

day — 141

桜の色で揃えたような優しい春の装い。ボリューミーなスカートにはタイトなトップスを合わせてメリハリを。

ニット¥1,990／marvelous by Pierrot　スカート¥7,200、パンプス¥6,380／ともにMERY shop（MERY）

day — 140

大きなボタン＆ふわふわ素材のカーディガンならブラックでもキュートに決まる。タックパンツで品を添えて。

カーディガン¥6,490／who's who Chico（SALON by Chico 新宿ルミネエスト店）　中に着たブラウス¥2,490、パンツ¥6,790／ともにRiLi（RiLi.STORE）　バッグ¥5,170／MERY shop（MERY）　パンプス¥6,500／オリエンタルトラフィック（ダブルエー）

day — 145

黒い小物が引き締めてくれるから、コーディネートはピンクとパープルで大胆に色合わせ。ちょっぴりモードなスパイスを足すのがコツ。

アウター¥9,790／KBF（ケービーエフ ラフォーレ原宿店）　ワンピース¥8,800／MERY shop（MERY）　ハット¥3,850／mystic（mystic ベースヤード原宿店）　サンダル¥18,700／タラントン by ダイアナ（ダイアナ 銀座本店）

day — 144

レトロポップなファッションで気分もUP！スタイル良く見せるには、ブラックのトップスをインすべし。

ジャケット¥5,490、パンツ¥6,790／ともにRiLi（RiLi.STORE）　中に着たトップス¥3,300／ROPÉ PICNIC（ジュンカスタマーセンター）　ブーツ¥22,000／ダイアナ（ダイアナ 銀座店）

day — 143

透け感のあるトップスとプリーツが美しいスカートでガーリーに。足元は黒のサンダルで引き締めて。

トップス¥4,994、サンダル¥5,500／ともにSELECT MOCA　スカート¥2,990／e-zak kamania stores

I WANT TO WEAR IT EVERY DAY.

"着まわし" って最高。

おしゃれを思う存分楽しみたいけど、
たくさん服も買えない……
そんなときこそ、着まわし力のある
万能アイテムを買うべし。
着まわしやすい＝コスパがいい！

KIRI
Chapter・Four

今日はTシャツに
パンツを合わせよう！
いや、フレアスカートかな。
ワンピースにも
合うんだよね……

いろんな
自分になれて
楽しい〜

item ① **BEIGE T-SHIRT**

白だとカジュアルになりすぎちゃうコーデも、ベージュなら女の子らしさが出る！

Tシャツ¥2,750／ROPÉ PICNIC（ジュンカスタマーセンター）

This item!

C day 148 +

B day 147 +

A day 146 +

kirimaru

99 少しピンク味のあるベージュは、シンプルで甘すぎない！ 66

E day 150 +

D day 149 +

(STYLE **E**)

ぼやっとしがちなベージュ×マスタードは、シルエットでメリハリをつける！ ヒールを合わせてすっきりと。パンツ¥8,030／KBF（ケービーエフ ラフォーレ原宿店）パンプス¥3,280／titivate

(STYLE **D**)

スカウチョは濃いグレーなら甘くなりすぎない。 スカウチョ¥4,920／CIAOPANIC TYPY（CIAOPANIC TYPY ベースヤード原宿店）バッグ¥5,280、パンプス¥5,830／ともにSELECT MOCA

(STYLE **C**)

ベージュなら、デニムのサロペットもかわいらしく着られる！ スニーカーの赤で差し色をプラス。サロペット¥8,690／CIAOPANIC TYPY（CIAOPANICTYPY ベースヤード原宿店）スニーカー／本人私物

(STYLE **B**)

ベージュはモスグリーンのアイテムとも相性抜群。インしてスタイルアップ！ スカート¥7,150／JEANASIS（アダストリア） バッグ¥1,100／e-zakka mania stores パンプス¥5,830／SELECT MOCA

(STYLE **A**)

柄ワンピースも映える！ ワンピース¥6,600／Isn' t She? × MERY（MERY）ハット¥3,850／mystic（mysticベースヤード原宿店）サンダル¥7,590／who's who Chico（SALON by Chico新宿ルミネエスト店）

item ② CAMEL CHECK JACKET

何色にも合わせやすいキャメルのしっかりめジャケットで、秋冬の着まわしを楽しむ♡

ジャケット¥5,500／MERY shop（MERY）

This item!

C
day
153
+

B
day
152
+

A
day
151
+

99
おじジャケットで
マニッシュな味付け！
66

E
day
155
+

D
day
154
+

(STYLE E)

羽織るだけで、カジュアルワンピも大人っぽく仕上がる。 ワンピース¥6,050、パンプス¥6,380／ともにMERY shop（MERY）ソックス／本人私物

(STYLE D)

秋冬の同系色コーデは、足元とヘアで抜け感を出して。白で軽さを演出。 中に着たトップス¥2,090、パンプス¥2,990／ともにe-zakka mania stores パンツ¥7,590／SELECT MOCA カチューシャ¥1,639／RiLi（RiLi.STORE）ソックス／本人私物

(STYLE C)

やわらかいキャメルだから、清楚なワンピースにも合う！ ワンピース¥6,490／e-zakkamania stores 中に着たトップス¥3,300／ROPÉ PICNIC（ジュンカスタマーセンター） スニーカー／本人私物

(STYLE B)

鮮やかな差し色を入れたい日は、キャメルと馴染むピスタチオで！ 中に着たトップス（ベスト付き）¥7,480／MERY shop（MERY）パンツ¥4,510、バッグ¥5,280／ともにSELECT MOCA パンプス／本人私物

(STYLE A)

爽やかな青で抜け感を出す。 中に着たトップス¥3,289／titivate スカート¥5,720／MERY shop（MERY）サンダル¥6,500／オリエンタルトラフィック（ダブルエー） ソックス／本人私物

66 爽やかさと軽さのある
差し色として活躍！99

item ③ **LIGHT BLUE PANTS**

いつもと少し違う印象になれる、カラーパンツが便利。くすみカラーなら挑戦しやすい！

パンツ¥3,839／RiLi（RiLi.STORE）

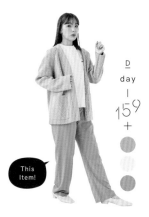

D
day
159
+

This
Item!

C
day
158
+

B
day
157
+

A
day
156
+

(STYLE **D**)

ほっこりしがちなスタイルも、カラーパンツでさらっと垢抜け！ カーディガン¥4,950、Tシャツ¥2,750／ともにROPÉ PICNIC（ジュンカスタマーセンター） パンプス／本人私物

(STYLE **C**)

ナチュラルスタイルの差し色としても活躍。 ブラウス¥3,990／e-zakkamania stores ハット¥4,389／RiLi（RiLi.STORE） パンプス¥8,500／オリエンタルトラフィック（ダブルエー）

(STYLE **B**)

個性派アイテムは、くすみトーンで揃えれば◎。 トップス¥5,489／RiLi（RiLi.STORE） バッグ¥5,280／SELECT MOCA サンダル¥7,590／who's who Chico（SALON by Chico新宿ルミネエスト店）

(STYLE **A**)

普段のベージュ×ブラウンにもマッチ！ Tシャツ¥3,025／ViS（ジュンカスタマーセンター） バッグ¥3,839／RiLi（RiLi.STORE） サンダル¥6,500／オリエンタルトラフィック（ダブルエー）

item ④ **WHITE LONG SKIRT**

66 きれいめ
シルエットがどんな
スタイルにもマッチ！99

スカートはきれいめロングがどんなスタイルにも合わせやすい！ 中でも白は万能。

スカート¥7,150／mystic（mysticベースヤード原宿店）

D
day
163
+

This
Item!

C
day
162
+

B
day
161
+

A
day
160
+

(STYLE **D**)

黒Tシャツもきれいめに着こなせる。 Tシャツ¥4,290／CIAOPANIC TYPY（CIAOPANIC TYPY ベースヤード原宿店） バッグ¥8,580／e-zakkamania stores サンダル¥5,500／SELECT MOCA

(STYLE **C**)

カラーアイテムとの相性も◎。 Tシャツ※参考商品、キャップ¥3,289／ともに RiLi（RiLi.STORE） バッグ¥4,070／SELECT MOCA スニーカー¥7,500／オリエンタルトラフィック（ダブルエー）

(STYLE **B**)

ボーイッシュをレディに底上げ。 シャツ¥6,490／CIAOPANIC TYPY（CIAOPANIC TYPY ベースヤード原宿店） バッグ¥5,280／SELECT MOCA ブーツ¥11,550／mystic（mysticベースヤード原宿店）

(STYLE **A**)

甘めもきれいに仕上がる！ ブラウス ¥5,390 ／ who's who Chico（SALON by Chico新宿ルミネエスト店） ハット¥4,389／RiLi（RiLi.STORE） パンプス¥8,500／オリエンタルトラフィック（ダブルエー）

kirimaru

item ⑤ GRAY PANTS

きれいめシルエットのパンツはマストバイ！　グレーなら季節問わずに活躍するよ。

パンツ¥4,510／SELECT MOCA

裾のスリットがコーデのスパイスになる

This item!

B
day
165
+

A
day
164
+

D
day
167
+

C
day
166
+

(STYLE **D**)

レイヤードコーデの格上げ役としてもパンツが活躍！　だぼっとしてるけど締まりもあるメリハリレイヤードがきりまる流。ベスト¥3,520、ブラウス¥5,170／ともにSELECT MOCA　スニーカー／私物

(STYLE **C**)

ほっこりしがちなニットも、美シルエットなパンツできれいめに。ニット¥5,280／MERY shop（MERY）メガネ※参考商品／RiLi（RiLi.STORE）パンプス¥5,830／SELECT MOCA

(STYLE **B**)

カラーワンピからパンツを覗かせて、きれいめカジュアルに仕上げる！黒小物でバランスよく引き締めて。ワンピース¥5,390、バッグ¥4,070、サンダル¥5,500／すべてSELECT MOCA

(STYLE **A**)

ハットとスリットパンツなら、いまっぽくゆるめにキマる。　アウター¥7,370、ハット¥3,520／ともにMERY shop（MERY）　パンプス¥7,500／オリエンタルトラフィック（ダブルエー）

きりまる流、着まわし極意。

FASHION LOVE!

3. パンツやスカートは、かわいいよりきれいめシルエットの方が使いやすい!

2. アウター系は、オーバーサイズのものが体型を気にせず合わせやすくて万能。

1. 「ベージュ」「ホワイト」のベーシックカラーが着まわしアイテムの神!

item ⑥ WHITE T-SHIRT

万能な白Tシャツは持っておいて損なし！ さりげない英字ロゴがスパイス。
Tシャツ¥3,278／ViS（ジュンカスタマーセンター）

合わせるアイテムでカジュアルにもレディにも

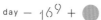

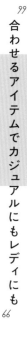

day — 169 + ● ● ●

ボリュームのあるニットカーデは、インナーと
パンツでスッキリと。きれいめパンツで女性
らしく。 カーディガン¥7,700／JEANASIS
（アダストリア） パンツ¥7,590／SELECT
MOCA パンプス／本人私物

day — 168 + ● ● ●

ビスチェをさらっと重ねれば、レディな印象
に早変わり。Tシャツはインして、スタイル
アップした印象に。 ビスチェ¥3,839、ス
カート¥4,389、サンダル¥5,940／すべて
RiLi（RiLi.STORE）

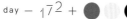

day — 172 + ● ● ●

オーバーサイズのシャツのマニッシュスタイ
ルは、きれいめシルエットでまとめて仕上げ
て。 シャツ¥6,039／RiLi（RiLi.STORE）
パンツ¥7,590／SELECT MOCA スニー
カー／本人私物

day — 171 + ● ● ●

お仕事スタイルに！ 肩にかけたカーディガ
ン¥5,390／mystic（mysticベースヤード原
宿店） パンツ¥4,389／titivate シュシュ
¥1,188／ViS（ジュンカスタマーセンター）
バッグ¥5,940／KBF（ケービーエフ ラフォー
レ原宿店） ローファー¥6,500／オリエンタ
ルトラフィック（ダブルエー）

day — 170 + ● ● ●

サロペットスカートを合わせたカジュアルな
シンプルコーデ。赤のスニーカーを選んで、
差し色をプラスして遊び心を加えてみる。
ワンピース¥8,690／e-zakkamania stores
スニーカー／本人私物

item ⑦ **WHITE PANTS**

カラーアイテムとの相性はもちろん！ きれいめシルエットで女性らしく仕上げやすい。
パンツ¥6,930／SELECT MOCA

❝ さらっと大人っぽい着こなしが完成 ❞

day — 175 + ● ● ▦

カジュアルなアウターから覗く裾で、全体が軽やかに仕上がる。黒小物で引き締めて。 アウター¥10,120、バッグ¥4,070／ともに SELECT MOCA パンプス¥6,380／MERY shop（MERY）

day — 174 + ● ● ●

爽やかカジュアルにもぴったりのパンツ。トップス¥4,950／MERY shop（MERY）カーディガン¥7,590／mystic（mysticベースヤード原宿店） バッグ¥5,280、パンプス¥5,830／ともに SELECT MOCA

day — 173 + ● ● ●

鮮やかなくすみグリーンが映える、大人な春スタイル。足元はすっきりさせてバランスをとる。 カーディガン¥6,600／JEANASIS（アダストリア） バッグ¥5,280／SELECT MOCA サンダル¥3,289／titivate

day — 178 + ● ▦ ●

ラフシルエットのベストと合わせても、かっちりキマる。裾が短めのトップスと合わせると、体型もすっきり見えて◎。カラーアイテムにも合わせやすい。 ベスト¥3,520／SELECT MOCA サンダル¥3,289／titivate

day — 177 + ● ▦ ●

シャツをインして、パンツがメインのスタイルアップコーデの完成。ヒールのショートブーツで、大人っぽく仕上げる。 シャツ¥4,840／MERY shop（MERY）ブーツ¥8,250／SELECT MOCA

day — 176 + ● ▦ ●

ボリュームシルエットを、パンツで大人っぽくまとめる。 カーディガン¥6,050／JEANASIS（アダストリア） トップス（ベスト付き）¥7,480／Isn't She?×MERY（MERY）サンダル¥5,830／SELECT MOCA

item ⑧ WHITE ONE-PIECE

ホワイトのカジュアルワンピは、毎日着られるってくらい万能なアイテム！ レイヤードもしやすい。

ワンピース¥6,050／MERY shop（MERY）

99
カジュアルレディに仕上がる万能さん
66

day — 180 + ● ◐ ◯ ●

スウェットもさらっと合わせられる万能さ！
ほどよい丈の長さがGOOD。小物で女の子ら
しく仕上げる。　スウェット¥5,060、パン
プス¥6,380／ともにMERY shop（MERY）
バッグ¥5,280／SELECT MOCA

day — 179 + ● ◐ ◯ ●

ニットを重ねて、ぬくぬくワンピスタイルに。
ピスタチオのバッグが爽やかな差し色。
ニットベスト¥5,390／SELECT MOCA
バッグ¥2,990／marvelous by Pierrot　パ
ンプス¥2,990／e-zakkamania stores

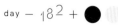

day — 183 + ◯ ● ●

太めのデニムに、ロングシャツ風に合わせて
も。ヒールのあるシューズを合わせてすっき
りさを出して、カジュアルだけど女性的なスタ
イルに仕上げる。　パンツ¥5,830、サンダ
ル¥5,500／ともにSELECT MOCA

day — 182 + ● ◐ ◯ ●

黒のハットを合わせて、韓国っぽさのあるカ
ジュアルレディなスタイルの完成。動きやす
さ抜群の楽ちんコーデ。ハット¥3,850／
mystic（mysticベースヤード原宿店）　パン
プス¥6,380／MERY shop（MERY）

day — 181 + ● ◐ ●

何色にでも合うから、カラーカーデでも遊び
放題。　カーディガン¥6,050／JEANASIS
（アダストリア）　バッグ¥5,390／mystic
（mysticベースヤード原宿店）　パンプス
¥6,380／MERY shop（MERY）

item ⑨ BEIGE VEST

ピッタリサイズより、オーバーめの方が今っぽくレイヤードできるからおすすめ!

ベスト¥5,819／RiLi（RiLi.STORE）

ほっこりでもない
ニューなベストスタイル!
"99" "66"

kirimaru

day — 18⁶ + ●●●

レイヤードして、カジュアルコーデを格上げ。中に着たトップス¥3,300／ROPÉ PICNIC（ジュンカスタマーセンター）パンツ¥5,280／MERY shop（MERY）パンプス¥5,060／MERY shop（MERY）

day — 18⁵ + ●●●

トップスを色物にすれば、同系色パンツでもGOOD。中に着たトップス¥3,938／ViS（ジュンカスタマーセンター）パンツ¥8,030／KBF（ケービーエフ ラフォーレ原宿店）パンプス¥5,830／SELECT MOCA

day — 18⁴ + ●●●

ノースリーブで肌見せ。おじっぽくなりそうな色組み合わせもシルエットでコントロール。ワンピース¥4,378／ViS（ジュンカスタマーセンター）パンプス¥6,380／MERY shop（MERY）

item ⑩ WHITE CARDIGAN

白カーデは、どんなテイストにも合うよ! 女の子らしい袖のシルエットもポイント。

カーディガン¥4,950／Isn't She?×MERY（MERY）

"66" とりあえずさらっと
羽織るだけで
サマになるカーデ "99"

day — 19⁰ + ●●●

ストレートパンツが効いた、きれいめスタイル。トップス¥3,300／ROPÉ PICNIC（ジュンカスタマーセンター）パンツ¥6,050／ViS（ジュンカスタマーセンター）バッグ¥3,839／RiLi（RiLi.STORE）サンダル¥6,500／オリエンタルトラフィック（ダブルエー）

day — 18⁹ + ●●●

白ニットは、モードなスタイルにも合う! タイトな黒ワンピに、ぶ厚いヒールの存在感ブーツを合わせて、ちょっと強めの女子にも変身。ビッグロンT¥5,500／JEANASIS（アダストリア）シュシュ、ブーツ／ともに本人私物

day — 18⁸ + ●●●

ダボっとスタイルには、肌見せシューズで足元に抜け感を。中に着たトップス¥3,278／ViS（ジュンカスタマーセンター）パンツ¥6,380／MERY shop（MERY）パンプス¥5,830／SELECT MOCA

day — 18⁷ + ●●●

レザーアイテムを合わせて、こなれ感を演出。レディな小物を合わせてお出かけコーデにも。スカート¥4,994／SELECT MOCAバッグ¥5,500／MERY shop（MERY）ブーツ¥9,119／RiLi（RiLi.STORE）

Favorite Online Brands

家にいながらおしゃれなアイテムがゲットできる
9つのお気に入りの通販ブランドをきりまるのクローゼットから厳選!
アイテムはすべて本人私物です。

胸元のリボンとふんわりフォルムが女性らしさを演出!

online brand: 01

（ オム ）

**ゆるっとシルエットの
洋服が揃う**

シンプルでベーシックな着まわし力
抜群のアイテムが揃うブランド。ど
のアイテムも私が持っている洋服に
合わせやすくて、一番愛用している
通販ブランドだよ!

← BRAND ITEM

day
191 +

ゆるっとしたワンピースと
アースカラーのアウターの
組み合わせが優しい印象。
ブラックのカチューシャと靴で
コーディネート全体を引き締めて。

アウター／studio CLIP
ワンピース／um
カチューシャ／LOWRYS FARM
パンプス／AmiAmi

kirimaru

Chapter. FIVE

定番コーデを小物でアップデート

day — 192 +

シャツとデニムのシンプルスタイルには
ストールを肩掛けしておしゃれ上級者に。
シャツは半分だけインして
着こなしを楽しんで。

シャツ、パンツ／ともにum
ストール／韓国で購入
スニーカー／studio CLIP

BRAND ITEM

BRAND ITEM

BRAND ITEM

9.5

ONITSUKA TIGER
19 49
SPIRIT OF KOBE

ミニ丈カーデとも合わせやすいロング丈ジャケット

day — 193 +

ロング丈のシャツとボトムスに
ミニ丈のカーディガンを合わせた
トレンド感あふれる着こなし。
トーンを合わせた色使いもポイント。

カーディガン／emit
中に着たトップス／um
パンツ／LOWRYS FARM
スニーカー／VANS

BRAND ITEM

day — 194 +

アウトドアを楽しむ日にもピッタリな
オムのワークパンツ。
コンバースのTシャツとスニーカーを
合わせてボーイッシュな印象に。

Tシャツ、スニーカー／ともにCONVERSE
パンツ／um
バッグ／Onitsuka Tiger

オーバーシャツのハズしが効いた上品カジュアルスタイル

BRAND ITEM

day
195 +

オーバーサイズのシャツ×
フレアスカートの組み合わせで
上質なカジュアルを実現。
トップスとサンダルの
ライトグリーンで爽やかさもプラス。

シャツ／um
中に着たトップス／Kastane
スカート／mystic
サンダル／NOFALL

大人のデニムコーデは赤のカーデで格上げ

カジュアルコーデをガーリーに仕上げる

BRAND ITEM

BRAND ITEM

kirimaru

day
—
197
+

着まわし力抜群のデニムに
ホワイトシャツを合わせた
定番スタイル。スニーカーの赤いラインと
カーディガンとメガネの
色を合わせて遊び心を演出。

肩にかけたカーディガン、シャツ／
ともにUNIQLO
パンツ／um
メガネ／JINS
スニーカー／CONVERSE

day
—
196
+

ホワイトデニムに合わせたのは
優しい色合いのピンクTシャツ。
首元に同色のスカーフを巻いて
春のこなれたコーディネートに。

Tシャツ／um
パンツ／きりまる×ehka sopo
スカーフ／LOWRYS FARM
スニーカー／ONIGIRI

裾部のリボンがガーリーさをプラス！

BRAND ITEM

day
—
198
+

BRAND ITEM

ニットやシャツ、異素材を
組み合わせたレイヤードスタイル。
網目の大きなニットがシンプルな
ホワイトコーデのアクセントに。

ニット／titivate
中に着たトップス、ボトムス／ともにum
パンプス／AmiAmi

online brand: **02**

（ グレイル ）

GRL

トレンドを押さえた
アイテムを低価格で！

圧倒的な安さと品揃えが魅力！ 目
を疑うような高見えするアイテムも
多くて、流行りのおしゃれを楽しみ
たい女の子の強い味方。個人的に最
強のブランド。

---

day
199 +

ニット帽、ロゴTシャツ、パンツの
メンズライクな着こなしに
キュートなエッセンスをプラス。
ホワイトのショートダウンで
暖かく、かわいく。

アウター／GRL
トップス／CIAOPANIC
パンツ／Kastane
ニット帽／Lee
スニーカー／studio CLIP

BRAND ITEM

ホワイトのショートダウンがキュートなエッセンス

BRAND ITEM

day
201 +

甘めのトップスには、
マスタードのレザーパンツ
を合わせてメリハリのある
コーデに。ブーツで、
スタイルアップも期待。

トップス／GRL
パンツ／STYLEMIXER
バッグ／BURBERRY
ブーツ／LOWRYS FARM

BRAND ITEM

day
200 +

ショルダー部分のデザインが
女性らしいトップスに
カーディガンとメガネを合わせて
ハンサムな印象に。きれいめな
バッグとパンプスが上品。

肩にかけたカーディガン／UNIQLO
トップス、バッグ／ともにGRL
パンツ／Neuna
メガネ／JINS
パンプス／menue

BRAND ITEM

BRAND ITEM

day
203 +

ホワイトのワントーンコーデに
くすみパープルの
カーディガンを合わせると
ガーリーな装いに。

カーディガン、バッグ／ともにGRL
中に着たトップス／UNIQLO
スカート／studio CLIP
ソックス／無印良品
パンプス／AmiAmi

BRAND ITEM

BRAND ITEM

BRAND ITEM

day
202 +

オーバーサイズの
ショートダウンには、ミニスカートと
ハイヒールブーツを合わせて
スタイルアップ。
ワントーンコーデがレディっぽい。

アウター、トップス、ブーツ／
すべて GRL
スカート／韓国で購入

BRAND ITEM

online brand: 03

(セレクト モカ)

SELECT MOCA

唯一無二の絶妙な色味＆ デザインの洋服に出合うならここ！

珍しい形が多く、他ブランドにはな かなかない洋服もゲットできるよ。 洋服がきれいに見えるブランドだな と思う！ 定期的にチェックしちゃ う（笑）。

BRAND ITEM

day 204+

オーバーサイズニットと 優しい色味のパンツで カジュアルガーリーな印象に。 上下ともカラーアイテムのときは ホワイトのバッグで力を抜いて。

ニット／SELECT MOCA
パンツ／Kastane
バッグ／Syncs.Papar
スニーカー／ONIGIRI

3色ルールなら小物同士もおしゃれにまとまる

小物使いでワントーンコーデを引き締める

BRAND ITEM

day 205+

ベージュをベースに同系色でまとめれば、 統一感のある着こなしに。そんなときは、 濃い色のバッグや小物を差しても楽しい。

ニット／SELECT MOCA
パンツ／Neuna
ハット／halo commodity
バッグ／CIAOPANIC TYPY
スニーカー／studio CLIP

カラフルな色遊びはおしゃれ上級者への第一歩！

BRAND ITEM

BRAND ITEM

合わせるアイテムによっていイメージチェンジをするニットが推し

day 207+

モスグリーンのニットベストは ベーシックなものを合わせがちだけど、 あえて相反する3色で構成して。 遊び心のある装い。

ベスト／SELECT MOCA
中に着たトップス／UNIQLO
パンツ／STYLEMIXER
パンプス／AmiAmi

day 206+

どんなコーディネートも決まる万能なニット。 フレアスカートとカチューシャを合わせれば 上品で華のあるフェミニンスタイルに。

ニット／SELECT MOCA
スカート／UNIQLO
カチューシャ／LOWRYS FARM
バッグ／GRL
パンプス／AmiAmi

前開きスタイルでトップスとパンツを見せて
上品でレディな着こなしに。
バッグは小ぶりなものを合わせると、
デートの日にもバッチリ！

ベスト／I_am
中に着たトップス、バッグ／ともにGRL
パンツ／LOWRYS FARM
パンプス／menue

BRAND ITEM

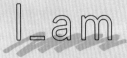

online brand: 04

（ アイアム ）

I_am

ブラウン、ベージュ、ホワイトの洋服はここ！

ベーシックで落ち着いた色合いの洋
服が多く揃うアイアム。ユニークな
デザインのものが多く、着ているだ
けでおしゃれさん認定される洋服ば
かり。いつも全部欲しくなっちゃう！

day
— 2◯8 +

コーデの主役のベストは
ボタンを閉めてストンとした
シルエットを意識。
お団子ヘアで首まわりをすっきり
見せてメリハリのある印象に。

ベスト／I_am
中に着たトップス／Kastane
パンツ／UNIQLO
ブーツ／LOWRYS FARM

day
— 2◯9 +

前開きスタイルでアウターとして着る

このベストを着ると旬なおしゃれこなれ感UP！

BRAND ITEM

---

online brand: 05

（ エミュット ）

emutto

大好きな
お姉ちゃんのブランド！

パスタのイラストがポイントのパー
カーなど世界観がかわいい！ 女性
らしいきれいめのコートや大人っぽ
いアイテムなどマルチに使えるアイ
テムもあってお気に入り。

淡いブルーとベージュ、
ホワイトの3色で完成させる
優しい色合いの装い。
袖についた黒のベルトが
モードなアクセントに。

day
— 2↑↑ +

アウター／emutto
トップス／UNIQLO
スカート／studio CLIP
ブーツ／Neuna

BRAND ITEM

ニコのロードらしい涼し気が付け達を経凶の田岡

BRAND ITEM

スカートを合わせればパーカーも甘辛スタイルに

day
— 2↑◯ +

パーカー、リュック、スニーカーのメンズライクな
組み合わせに、ふわりと揺れるブラックの
フレアスカートで甘辛MIXスタイル。

パーカー／emutto
スカート／UNIQLO
リュック／moi tytto
スニーカー／CONVERSE

kirimaru

カジュアル気分を叶える
ユニセックスブランド

カジュアルな装いを楽しみたいときに着ることが多いブランド。プチプラで誰でも気軽に挑戦できるよ！イラストが大きく描かれたパーカーやメンズウェアも豊富。

online brand: **07**

（ クティール ）

kutir

BRAND ITEM

素材も柔らかくて着やすく、どんなコーディネートにも合わせやすいTシャツ。幾何学模様のパンツが大人っぽい存在感。

Tシャツ／kutir
パンツ／JEANASIS
バッグ／韓国で購入
サンダル／NOFALL

day
213 +

モード系や大人な
女性らしいスタイルが叶う

韓国のトレンドを取り入れたシンプルで高級感のある洋服が揃うブランド。高見えするのにお手頃価格なアイテムばかりだから、ついつい沢山購入しちゃいます……。

online brand: **06**

（ ユヌマンション ）

UNE MANSION

day
212 +

BRAND ITEM

形がきれいなベストは、カラートップスと合わせるとこなれ感UP！スカートはベストと色を合わせてセットアップのように見せるのがコツ。

ベスト／UNE MANSION
中に着たトップス／Kastane
スカート／GU
バッグ／GRL
ブーツ／Neuna

大人っぽく使い勝手の良い
アイテムが見つかる！

大人の女性をターゲットにした上品なアイテムが人気。どんなコーデにも合うシンプルで万能なアイテムが揃うよ。色違いで同じアイテムも買うことも……！

online brand: **09**

（ クレア ）

CLEA

day
215 +

BRAND ITEM

カーディガンをプロデューサー巻きしてこなれ感をプラス。持ち手の長い黒のバッグはまとめて握るとおしゃれな持ち方に。

肩にかけたカーディガン、トップス／
ともにUNIQLO
スカート／ViS
バッグ／CLEA
ソックス／無印良品
パンプス／AmiAmi

ゆるっとかわいいを追求した
癒やしの世界にキュン♡

メルヘンかつカジュアルなテイストが魅力。ゆったりとしたアイテムが多く、ラフにおしゃれを楽しみたいときの味方。特にワンピースはシルエットがかわいいものばかりだよ！

online brand: **08**

（ メルロー ）

merlot

day
214 +

BRAND ITEM

袖やショルダー部分が丸いシルエットの、女の子らしいワンピース。同色のキャップを合わせて、やんちゃガールの完成。

ワンピース／merlot
キャップ／BIG AMERICAN SHOP
リュック／moi tytto
ソックス／無印良品
スニーカー／CONVERSE

day 216

KIRI
Chapter xis.

ちょっと背伸びもしてみたい

もう少し大人になったらセットアップやヒール、大ぶりのジュエリー、程よく肌見せなんかもしてみたい♡ということで、いつもは着ないお洋服に挑戦してみたよ。ファッションってやっぱり楽しい!

〝 初めてスーツのセットアップを着ました!
自分で選ぶと無意識に淡い色を選んでしまうから、
ダークな色って新鮮。黒やネイビーじゃなくて、
ブラウンというのもツボでした♡
見た目はシャキッと見えるけど、メンズものだから
ゆるっと着られるのもお気に入り。 〟

day — 216 + ● ○ ◐

ユニセックスのセットアップで
半歩先をゆくハンサムスタイル

ジャケットは少し大きめのサイズを選び、
袖を折って着崩すのが正解。遊び心の利い
たバッグと、ヒールで抜け感も意識して。

ジャケット¥33,000、パンツ¥16,500／
ともにKAIKO　Tシャツ¥13,200／デミリ
ー（サザビーリーグ）　メガネ¥13,200／
JINS（JINS カスタマーサポートセンター）
ネックレス¥63,800、バングル¥50,600
／ともにe.m.（e.m.表参道店）　バッグ¥3
8,500／OSOI（UTS PR）　サンダル¥9,3
50／KBF＋（ケービーエフ プラス 新宿ミ
ロード店）

want to grow up

kirimaru

day 216

Chapter. SIX

fashion for grown up

no.1
Handsome

クールな服からの肌見せでギャップを狙う

髪を巻かないというヘアアレンジ

大人のヘアメイクは引き算が命。オーバーサイズの服を着るときは髪をストレートかつタイトにして全体のバランスを調整。

fashion for grown up

no.1 Handsome

day — 217 +

涼しげなセットアップにワンショルダーのタンクトップをイン。ちらっと見える鎖骨でヘルシーな色気を漂わせて♡

シャツ¥26,400、中に着たタンクトップ¥13,200、パンツ¥31,900／すべて CLANE（CLANE DESIGN）　ピアス¥26,400、イヤーカフ¥11,000／ともにルフェール（UTS PR）　バングル¥38,500／フォーク バイエヌ（UTS PR）　バッグ¥6,490／LAUGOA　サンダル¥7,590／RANDA

kirimaru

いつもの形で上質な素材を選ぶ

fashion for grown up

no.2
Lady

〃

肌や体のラインが出る服は恥ずかしくて
普段着ないけど、着てみたら意外とアリかも！
肩や足首などのさりげない
肌見せは一気に大人っぽく見えるし、
女性らしさも加わるので私服の着こなしにも
取り入れてみようかな。
〃

ポイントはリップとシェーディング

眉とアイメイクはナチュラルに仕
上げて。その分、唇は深みレッド
で際立たせ、シェーディングで顔
にメリハリをつけて。

day — 218 ＋

よく着る形のシャツも、シアーな生地を選ぶと一歩大人に。
タイトスカートでウエストや足首の華奢ラインもちら見せ。

シャツ¥8,250／KBF＋（ケービーエフ プラス 新宿ミロー
ド店）　中に着たトップス¥19,800、スカート¥25,300／と
もにLE CIEL BLEU（ルシェルブルー総合カスタマーサービ
ス）　イヤリング¥41,800／アナブノエ（アナブノエ 渋谷ヒ
カリエ ShinQs店）　リング¥12,650／イリ ジュエリー（14
SHOWROOM）パンプス¥7,040／RANDA

Chapter. SIX

day 219

たまには実用性よりも気分が上がるかどうか

day — 2¹⁹ +

着まわしやすいか、この色は似合うのか、
そんなことよりこの服を着ると気分が上
がる！ そんな一着を持っておくと心強い。

ジャケット¥49,500、スカート¥31,900
／ともにmasaco teranishi（アプレドゥ
マン）カットソー¥14,300／デミリー（サ
ザビーリーグ）片耳ピアス各¥15,400、
チョーカー¥22,000、リング¥26,400
／すべて e.m.（e.m.表参道店）バッグ
¥33,000／アディナ ミューズ（アディナ
ミューズ ルミネ新宿店）サンダル¥9,7
90／A de Vivre

乙女心をくすぐるキュートな配色のバッグ

kirimaru

fashion for grown up　　no.2　**Lady**

春らしいパステルピンク♡　ときめかないわけがない（笑）。
バッグもおもちゃみたいな配色がとてもかわいくて、
こんなコーデでパーティーとか行ってみたい……！

さらに気分を上げたいときは、普段メイクに使わない色に挑戦。バッグやシューズの色を拾えば、初めてのカラーでもトライしやすい。水色のライナーで二重の線を延長させるだけ。

小物のカラーとリンクさせたアイメイク

day 220 to 223

メンズライクな
アクセが映える

黒を着るときは、エアリーな素材と全体が重たく見えないシルエットを意識して。白スキニーは一本持っておくと便利。

ブラウス¥38,500／EZUMi（リデザイン）パンツ¥28,600／マザー（サザビーリーグ）カチューシャ¥8,360／CA4LA（CA4LA プレスルーム）イヤリング¥6,490／オクト（14 SHOWROOM）パンプス¥15,400／ダイアナ（ダイアナ 銀座本店）

白いトップスに黒のパンツ。大人になればシンプルなスタイルに、ゴツめのアクセサリーを合わせるだけでサマになる。

トップス¥46,200／AVN（コロネット）パンツ¥31,900／EZUMi（リデザイン）片耳イヤリング¥37,400、ブレスレット¥77,000／ともにe.m.（e.m.表参道店）サンダル¥9,790／A de Vivre

no.3

Monotone

fashion for grown up

着飾りすぎない余白のある着こなし

モノトーンスタイルには透け感のある黒をチョイス

day
22
+

ニットの隙間から
さりげなく
デコルテをちら見せ♡

花柄ワンピ×レザー小物で甘辛MIXスタイル

kirimaru

揺れるピアスでコーデを格上げ

no.4

Mini One-piece

fashion for grown up

華やかなミニワンピをデイリーに着るなら、ブラックのレザー小物を合わせて。品がありつつクールなコーデの完成。

ワンピース ¥12,100／SAAAGE boutique　イヤリング¥8,800／イン ムード（14SHOWROOM）　ブレスレット¥3,400／e.m.（e.m. 表参道店）　バッグ ¥18,480／YAHKI（ショールーム セッション）　ソックス 3P¥1,100／チュチュアンナ　ブーツ¥22,000／ダイアナ（ダイアナ 銀座本店）

day
2 2 3
+
○○●

ミニワンピにはショートブーツを合わせて、露出を少なくするのがカギ。ドレッシーなワンピが一気にカジュアルに。

ワンピース ¥79,200／AVN（コロネット）　ベレー帽 ¥5,830／KANGOL（カンゴール ヘッドウェア）　片耳ピアス ¥26,400、リング ¥30,800／ともに e.m.（e.m. 表参道店）　ブーツ ¥24,200／ダイアナ（ダイアナ 銀座本店）

ミニワンピ×ショートブーツの黄金バランス

day
2 2 2
+
●●○

着まわし力もあるクロコダイル調のブーツ

no.5 Wide Pants

day 224 to 227

切りっぱなしのカジュアルな
デニムに、ガーリーな花柄ブ
ラウスをON。太めのパンツ
なら甘くなりすぎない。

ブラウス¥10,450／SAAAG
E boutique　デニム¥34,10
0／マザー（サザビーリーグ）
ピアス¥35,200／アナブノエ
（アナブノエ 渋谷ヒカリエ Shi
nQs店）　サンダル¥24,200
／ダイアナ（ダイアナ 銀座本
店）

ワッシャー加工でニュアンス
をつけたパンツには、シンプ
ルなトップスを合わせてワン
トーンに着こなして。

スウェット¥48,400／AVN
（コロネット）　パンツ¥7,70
0、サンダル¥9,350／ともに
KBF＋（ケービーエフ プラス
新宿ミロード店）　サングス
¥3,300／JINS（JINS カスタ
マーサポートセンター）　イヤ
リング¥66,000／e.m.（e.m.
表参道店）　ネックレス¥7,5
90／オクト（14 SHOWROO
M) 中に着たタートルネック
／スタイリスト私物

day
—
2 2 5
+

夏に着たい爽やかなデニムスタイル

day
—
2 2 4
+

ラフなパンツでつくる個性派ルック

普段デニムをはかないので、このコーデは
とても新鮮でした。ガーリーなシャツを合わせれば
カジュアルすぎず女の子っぽくてとてもかわいい♡
ハイウエスト×ヒールで脚も長く見えますね！

形のきれいなパンツには、ぴったりとしたトップスをイン。さらにヒール靴を合わせることで女性らしさをキープ。

トップス¥31,900／デミリー（サザビーリーグ）　パンツ¥19,360／mixxdavid（magnifique）　ベレー帽¥9,350／CA4LA（CA4LA プレスルーム）　メガネ¥38,500／EYE VAN（EYEVAN PR）　バッグ¥20,680／YAHKI（ショールーム セッション）　パンプス¥15,950／ダイアナ（ダイアナ 銀座本店）

年上に見られたい日は、かっちりパンツにパンプスが正解。裾が二重になって、少し透けているのもポイント。

シャツ¥23,100／mixxdavid（magnifique）　パンツ¥9,900／KBF＋（ケービーエフ プラス 新宿ミロード店）　ピアス¥11,000／フォークバイエヌ（UTS PR）　バッグ¥20,680／YAHKI（ショールーム セッション）　パンプス¥15,950／ダイアナ（ダイアナ 銀座本店）

kirimaru

day
226+
こんなおしゃれなパンツスタイルで出勤してみたい

day
227+
タイトなトップスでパンツの形を引き立てる

パンツスタイルは上下ゆるっとしたものを
着がちだけど、ぴたっとしたトップスを
合わせるととてもバランスがいいと気がつきました。
低身長でもヒールを合わせれば、
丈も気にせずはけますね。

Chapter. SIX

fashion for grown up

no.6 One tone

色合わせに迷ったら、とりあえず似たカラーを組み合わせるべし!
アースカラーのアイテムなら皆も持っているはず。3色でつくるワントーンスタイル。

 day — 230 +

ワンピース×リブパンツは縦長効果でスタイルアップが叶う。今季はピスタチオカラーのアイテムが活躍の予感。

ワンピース¥28,600／EZUMi（リ デザイン）パンツ¥20,900／LE CIEL BLEU（ルシェルブルー総合カスタマーサービス）　サンダル¥7,040／RANDA

 day — 229 +

リラクシーなシャツとパンツのセットは、ラクなのにおしゃれ上級者に見える優秀品。バッグで差し色をプラス。

シャツ¥20,900、パンツ¥18,700／ともに -by RYOJI OBATA（ラインバイ リョウジオバタ）　バッグ¥7,590／LAUGOA　サンダル¥7,590／RANDA

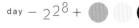 day — 228 +

デニムのセットアップは1つ持っておくと重宝する。別々にも着られるし、セットで着れば特別感のあるスタイルに。

ジャケット¥15,400、パンツ¥11,000／ともにLee（リー・ジャパン カスタマーサービス）　中に着たTシャツ¥8,800／+81 BRANCA（UTS PR）　キャスケット¥8,800／CA4LA（CA4LA プレスルーム）　パンプス¥7,040／RANDA

kirimaru

fashion for grown up

no.7 Sporty

おしゃれかつ機能性も兼ね備えた大人のスポーティールック。
ブルーやパープルなど、爽やかカラーで気分を高めるのもポイント。

 day ― 233 +

アウターはゴアテックス素材を使用しているので急な雨にも強い。ローテクスニーカーを合わせて抜け感も忘れずに。

アウター¥46,200／AIGLE（エーグルカスタマーサービス） ワンピース¥29,700／LE CIEL BLEU（ルシェルブルー総合カスタマーサービス） 中に着たTシャツ¥13,200／デミリー（サザビーリーグ） スニーカー¥14,850／Öffen（Öffenプレス 東京オフィス）

 day ― 232 +

ショートパンツをはきこなすなら爽やかなシャツを合わせて。足元はワークブーツでバランスを調節。

カーディガン¥36,300／デミリー（サザビーリーグ） シャツ¥33,000／フランク＆アイリーン（サザビーリーグ） パンツ¥26,400／A PUPIL（UTS PR） ブーツ¥24,200／G-Star RAW（ジースター インターナショナル）

 day ― 231 +

裾がメッシュのワンピースに、防水性のあるウィンドブレーカーをON。フェスなどの野外シーンにも◎。

アウター¥18,480／Marmot（デサントジャパンお客様相談室） ワンピース¥28,600／A PUPIL（UTS PR） バッグ¥2,750／ellesse（エレッセ トーキョー） スニーカー¥26,400／WALSH（カメイ・プロアクト）

fashion for grown up

no.8 Dressy — Pants

パーティーや結婚式、いざ呼ばれたときに困らないようにドレッシーな服を一着は持っておきたいところ。パンツとスカート、ボトムス別でご紹介。

day — 23⁶ +

背中がざっくり開いたボレロ付きのオールインワン。シンプルなフロントとバックスタイルのギャップにきゅん♡

オールインワン¥42,900／muller of yoshi okubo　サンダル¥16,500／ダイアナ（ダイアナ 銀座本店）　バッグ／スタイリスト私物

day — 23⁵ +

着物の帯のようなデザインの煌びやかなビスチェ。デイリーなパンツに合わせるだけでシックなコーデが完成。

ビスチェ¥36,300、中に着たカットソー¥18,700、パンツ¥30,800／すべて muller of yoshio kubo　サンダル¥7,590／RANDA

day — 23⁴ +

上下がつながっているので、合わせを考えずともサマになる一着。上品なブラウンは好印象間違いなし！

ジャンプスーツ¥89,100／beautiful people（ビューティフルピープル 青山店）　バッグ¥40,700／アディナ ミューズ（アディナ ミューズ ルミネ新宿店）　パンプス¥8,140／CAMILLE BIS RANDA

fashion for grown up

no.9 Dressy — Skirt

やわらくて品のある女性を目指すならスカートルックも外せない。
明るくて優しい印象を与える暖色系でまとめてみて。

kirimaru

 day — 23⁹ +

くすみピンクで揃えたエレガントなスタイル。グレーと白の小物を合わせれば清楚な雰囲気にまとまる。

トップス¥16,500、スカート¥24,200／ともにJILL STUART（ジルスチュアート ルミネ新宿店） バッグ¥6,050／LAUGOA パンプス¥16,500／ダイアナ（ダイアナ 銀座本店）

 day — 23⁸ +

光沢感のあるベロアスカートは、ドレッシーな装いにぴったり。アシンメトリーなカットソーがアクセントに。

カットソー¥22,000／EZUMi（リ デザイン）スカート¥9,350／SAAAGE boutique　シューズ¥15,400／ダイアナ（ダイアナ 銀座本店）

 day — 23⁷ +

繊細なレースをランダムに組み合わせた生地でつくった上質なセットアップ。巻くタイプのスカートも新鮮。

シャツ¥38,500、スカート¥49,500／ともにmuller of yoshiokubo　バッグ¥7,590／LAUGOA　サンダル¥9,790／A de Vivre

fashion for grown up

no.10 Pattern ── Stripe & Check

さらにおしゃれを楽しむなら、柄物も着こなせるようになるべし！
まずは定番のストライプやギンガムチェックから取り入れてみるのがおすすめ。

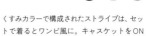

day ─ 242 +

レトロな雰囲気が漂う開襟シャツ。細めのスト
ライプ柄なのでナチュラルな着こなしにも
マッチする。

シャツ¥28,600／エキップモン（サザビー
リーグ）　スカート¥9,900／KBF＋（ケー
ビーエフ プラス 新宿ミロード店）　バッグ¥1
4,080／YAHKI（ショールーム セッション）
シューズ¥8,690／RANDA

day ─ 241 +

シンプルなTシャツとギンガムチェックパン
ツ、2ピースでサマになるのは柄物の特権。
バッグで爽やかさもプラス。

Tシャツ¥8,800／＋81 BRANCA（UTS PR）
パンツ¥26,400／LE CIEL BLEU（ルシェル
ブルー総合カスタマーサービス）　サンダル
¥7,590／RANDA　バッグ／スタイリスト私物

day ─ 240 +

くすみカラーで構成されたストライプは、セッ
トで着るとワンピ風に。キャスケットをON
すればマリンルックの完成。

ジャケット¥12,100／KBF＋（ケービーエフ
プラス新宿ミロード店）ニット¥31,900、スカ
ート¥42,900／ともにデミリー（サザビーリー
グ）キャスケット¥14,300／CA4LA（CA4LA
プレスルーム）　サンダル¥7,590／RANDA

fashion for grown up

no.11 Pattern——Flower&Zebra

柄物ラバーさんは大きな花柄やゼブラなど、インパクトのある柄はいかが？
柄が大きいほど、コーデが華やかになり心も躍るはず♡

day — 24⁵ +

花柄のシフォンスカートは、カジュアルなノーカラーシャツで甘さを調整。淡いトーンでまとめて春ムード全開。

シャツ¥8,250／KBF+（ケービーエフ プラス 新宿ミロード店） スカート¥79,200／beautiful people（ビューティフルピープル 青山店） サンダル¥43,780／TOKYOSANDAL（ザ ブーツショップ）

day — 24⁴ +

一見難しそうなゼブラ柄も、茶色なら強すぎないのでおすすめ。フリンジバッグを合わせてサファリルックに。

ワンピース¥10,450／SAAAGE boutique デニム¥18,700／G-Star RAW（ジースター インターナショナル） バッグ¥4,950／LAUGOA サンダル¥12,100／KEEN（キーン・ジャパン）

day — 24³ +

花柄スカートが主役の日。他はオーソドックスなアイテムで引き算するのが正解。黒ベースの柄は大人っぽさも演出できる。

カットソー¥12,100／muller of yoshiokubo スカート¥86,900／beautiful people（ビューティフルピープル 青山店） ソックス3P¥1,100／チュチュアンナ ブーツ¥22,000／ダイアナ（ダイアナ 銀座本店）

コラボ服のこだわり全部見せ！

KIRI

Chapter.SEVEN

WHICH COLOR DO YOU LIKE?

長年のファッション愛が
コラボ＆ブランド立ち上げを
叶えちゃった！
20年秋冬に人気だった
ehka söpöと
21年春夏デビューのonetome。
2ブランド合わせて、
きりまるプロデュースの
こだわりを大解剖！

UMMM……

LOVELY!

onetome

［ ワントゥーミー ］

念願のブランド立ち上げがついに実現！
onetomeというブランド名には
「誰かにとって1番の特別なお洋服になってほしい」
という意味を込めたよ。こだわって作ったお洋服たち、
皆にたくさん着てもらいたい！

こだわりPOINT

体のラインがきれいに見える、ウエストをしぼったシルエット。大人っぽい雰囲気の細プリーツもこだわったよ。

"SKIRT"

着まわし力抜群のスカートからご紹介。細いプリーツにこだわった
ロング丈のスカートは合わせやすい2色を作ったよ。

スカート ¥5,940／onetome（ZOZOTOWN）

day
249
+

ロンスカにロングシャツを合わせると、低め身長でもバランスGOOD。シャツ以外は同じ色のトーンでまとめて。

シャツ／ehka sopo
バッグ／CLEA
スニーカー／ONIGIRI

day
248
+

白・ピンク・黒は「ちょうど良い甘さ」で整う最強3色。ピンクと白でかわいくして、黒の小物で引き締めて。

カーディガン／pou dou dou Time
中に着たTシャツ／um
バッグ／LOWRYS FARM
ソックス／無印良品
バレエシューズ／SVEC

day
247
+

フリルトップスを合わせたラブリーなスタイルも白でまとめれば甘すぎない。差し色にはくすみ色、がきりまルール。

ブラウス、サンダル／ともにGRL
中に着たトップス／Kastane

day
246
+

ロング丈スカートにゆったりカーディガンを合わせたダボっとコーデ。インナーに仕込んだ緑をアクセントに。

カーディガン／GRL
中に着たトップス／UNE MANSION
ソックス／無印良品
パンプス／menue

" CAMISOLE ONE-PIECE "

腰紐の結び方を変えると印象が変わるマルチなワンピース。
重ね着も楽しめるよう、肩紐は細めにデザイン。後ろ姿もかわいいよ♡
ワンピース¥6,930／onetome（ZOZOTOWN）※4月末発売予定

day
251
+

キャミワンピ×タートルネックはバランスが取りやすいおすすめレイヤード。黒のブーツでスパイスもひとさじ。

こだわりPOINT

両サイドの紐は腰に巻いてもよし、肩まで上げて結んでもよし！ 着るときの気分に合わせて遊んでみて。

こだわりPOINT

ワンピースの背面は女性らしいレースアップ仕様に。かわいさのなかに、ちょっぴり色っぽさを足すのが今の気分。

day
250
+

メッシュトップスにワンピースを重ねて、ヘルシーに肌見せ。帽子まで色のトーンを揃えるのがこだわりです！

トップス／Kastane
ブーツ／LOWRYS FARM

トップス（ニットタンクトップとセット）
¥5,940／onetome（ZOZOTOWN）
ハット／by munir
ソックス／無印良品
パンプス／studio CLIP

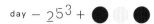
day – 25³ + ● ●

day – 25² + ● ●

こだわりPOINT

ボリューム袖を手首で絞るリボンがポイント。手のまわりがフリルのようで、落ち着いた色でもかわいく見える。

シャツワンピースは重ね着にも大活躍！ カジュアルなTシャツとパンツに羽織って、フェミニンな甘さをON。
Tシャツ／CIAOPANIC
パンツ／きりまる×ehka sopo
スニーカー／CONVERSE

いつもと違う色のアウターに挑戦するならグリーンがおすすめ。白いワンピにさらりと羽織るだけで即おしゃれ。
アウター／TODAYFUL
パンプス／menue

"SHIRT ONE-PIECE"

1枚でかわいいのに、着まわしもできちゃうワンピースが欲しかった！
何色にでも合う白とちょっと大人びた深みブラウンの2カラー。

ワンピース¥6,930／onetome（ZOZOTOWN）

こだわりPOINT

すっきり見える襟なしのデザインで、後ろにはこだわりのリボンが。結んでも腰まで届く長さがかわいさの秘密。

ディテールがかわいいワンピースだから1枚で着てもおしゃれに見える。足元はスニーカーで力を抜いて。
バッグ／GRL
スニーカー／CONVERSE

ロング丈ワンピの裾から白いスカートをチラリと覗かせて。小物は黒でまとめて、落ち着いた色合わせに。
スカート¥5,940／
onetome（ZOZOTOWN）
カチューシャ／
LOWRYS FARM
パンプス／AmiAmi

day – 25⁵ + ● ●

day – 25⁴ + ● ●

"BLOUSE"

一見シンプルだけど細部にデザインが利いた
アシンメトリーブラウス。厚手の生地だから、
着るとかわいいふんわりシルエットに。

ブラウス¥5,940／onetome（ZOZOTOWN）

こだわりPOINT

首から胸にかけて斜めのラインをつくるユニークなデザイン。ボタンブラウスだけど頭から被って着るよ。

day － 257 ＋ ●●●

アシメブラウスにはアシメスカートを
合わせちゃえ！ シンプルなのにこだ
わりの見えるおしゃれさんコーデ。

スカート／ViS
カチューシャ／Flower
ソックス／無印良品
スニーカー／CONVERSE

day － 256 ＋ ●●●

白ブラウス×スリットパンツの大人め
コーディネート。メガネを合わせれ
ば、仕事ができそうな雰囲気に。

パンツ／Neuna
メガネ／JINS
ブーツ／vivian

day － 259 ＋ ●●●

上下を温かみのある色で揃えたフェミ
ニンコーデ。同系色でまとめるとき
は印象の異なる素材を合わせると◎。

スカート¥5,940／
onetome（ZOZOTOWN）
サンダル／NOFALL

day － 258 ＋ ●●●

ブラウス以外はモノトーンでシック
に。フォーマルな小物を合わせれ
ば、ゆるめの服でもバシッとキマる。

パンツ／JEANASIS
バッグ／GRL
パンプス／AmiAmi

元気カラーのイエローは、モノトーンのアイテムと合わせるとしっとりと着こなせる。ボタンは全部閉じて清楚に。
スカート／UNIQLO
バッグ／GRL
パンプス／LOWRYS FARM

透けるシャツなら、ボタンを開けて羽織るだけでもニュアンスが足せる。ベーシックカラーのコーデにON。
中に着たキャミソール／OLIVE des OLIVE
パンツ／GRL
サンダル／NOFALL

こだわりPOINT

実は後ろも首から下がフルオープンになる肌見せデザイン。カジュアルに合わせても後ろ姿は色気がちらり。

"SEE-" THROUGH SHIRT

はっきりした色だけど、肌に馴染んで合わせやすいシースルーシャツ。
大人っぽさを足してくれる生地のツヤ感にこだわったよ!

シャツ¥5,940／onetome（ZOZOTOWN）

こだわりPOINT

ボタンを2つつけた長めの袖口は少しタイトでクラシックなデザイン。ボリューム袖が際立って、女性らしく上品なシルエットに。

シースルーシャツにツヤ感のあるプリーツスカートを合わせてスイートに。ピンクにホワイトの甘あまコーデ。
スカート¥5,940／onetome（ZOZOTOWN）
ソックス／無印良品
パンプス／menue

「くすみカラー＋発色の良い色1つ」は鉄板。ほっこりベージュとブラウンにライトグリーンで爽やかさをプラス。

パンツ／Neuna
バッグ／BURBERRY
ソックス／無印良品
パンプス／studio CLIP

LET'S KEEP
BALANCE...

ehkä söpö

[エヘカソポ]

2020年秋冬シーズンに初のコラボが実現したehkä söpö。
きりまる得意のくすみカラーを取り入れたラインナップは
即売り切れのアイテムも......！ 普段のコーデに
簡単に取り入れられて、かつかわいいを目指したよ。

※現在は販売しておりません。

wow!

BACK STYLE

こだわりPOINT

後ろ姿も抜かりなく、首にリ
ボンをつけたかわいいデザイ
ン。ウエストも高めだから、
スタイルアップが狙えるよ。

こだわりPOINT

小さな花のつぼみが散りばめら
れたような、珍しいレトロな柄
に一目惚れ♡　普段柄物を着
ない人にもおすすめだよ。

day
265
+

● ● ●（カラー円）

"FLOWER PRINTED ONE-PIECE"

かわいいの代表、小花柄ワンピースは幼く見えないレトロなトーンで。ボリューム長袖&ロング丈だから季節を問わず着まわせるよ。

ワンピース／さりまる×ehka sopo

ふんわりワンピースにワインレッドと黒のスパイス
をプラス。カチューシャとバレエシューズで上品に。

肩にかけたカーディガン／UNIQLO
カチューシャ／LOWRYS FARM
ソックス／無印良品
バレエシューズ／SVEC

day
264
+

肌寒い時期に着るならニットベストを合わせて。柄ア
イテムも色のトーンを合わせれば、きりまるコーデに。

ベスト／Kastane
バッグ／Neuna
ソックス／無印良品
パンプス／menue

COLOR VARIATION

"KNIT"

いろんな編み柄を組み合わせた
ショート丈のニット。フリル襟のブラウスと
セット販売だから重ね着も悩まずOK!
ニット（ブラウスセット）／きりまる×ehka sopo

day 268 +

気張りたくない日はシンプルにデニム
と合わせるのが正解。小物をグリーン
でまとめるのがおしゃれの小ワザ。

中に着たシャツ／ehka sopo
パンツ／cepo
バッグ／CIAOPANIC TIPY
スニーカー／CONVERSE

day 267 +

こだわりPOINT

ニットもやっぱりボリュー
ム袖が断然キュート！ 袖
は絞ってあるから、着るだ
けで自然にふんわりするよ。

大人びたブラウンのニット
はカジュアルに合わせても
かわいい！ 赤いコンバー
スで足元はラフに。

中に着たブラウス
（ニットとセット）／
きりまる×ehka sopo
パンツ／韓国で購入
ソックス／無印良品
スニーカー／CONVERSE

day 266 +

優しい印象のニットにレザーのミニスカ
と厚底ブーツを合わせた甘辛スタイル。
インナーには丈の長いシャツを選んで。

中に着たシャツ／ehka sopo
スカート、ブーツ／ともにGRL
カチューシャ、バッグ／
ともにLOWRYS FARM
ソックス／無印良品

"BORDER" PULLOVER

ボーダーもTHEきりまる、なくすみカラーで
揃えたよ。コントラストを抑えた
やさしい印象のほんわかプルオーバー。
トップス／きりまる×ehka sopo

day 271 +

白×くすみカラーのボーダーに合わせ
るのは……白とくすみカラー！ ス
リットパンツで抜け感を少し足して。

パンツ／Neuna
メガネ／JINS
バッグ／韓国で購入
ソックス／無印良品
パンプス／studio CLIP

day 270 +

こだわりPOINT

裏毛が暖かいプルオーバーは
落ちた肩のラインがポイン
ト。袖は長めにデザインし
て、女の子らしく仕上げたよ。

ボーダートップスにジャ
ンパースカートは間違い
なくかわいいで賞！ 小
物はベージュでまとめて
ワントーンぽく。

ジャンパースカート／
CIAOPANIC
ハット／halo commodity
バッグ／CLEA
スニーカー／ONIGIRI

day 269 +

くすみカラーの気分じゃないときは黒を
合わせると簡単にいい感じ♪ バック
パックに三つ編みでスクールガール風。

スカート／UNIQLO
リュック／moi tytto
スニーカー／ONIGIRI

"STOLE"

1番人気のストールは、首に巻くと
顔が埋もれるようなもこもこ素材がお気に入り。
暖かさもばっちりだよ!

ストール／きりまる×ehka sopo

COLOR
VARIATION

day
2⁻⁷3
+

day
2⁻⁷2
+

こだわりPOINT

フリンジ部分は太めのもっ
ちり素材で、ボリューム
たっぷりの幅広サイズ。も
こもこと体を包み込んで。

ピンクのストールがあるか
ら、お洋服は色味がなくても
大丈夫。ピンクが映えるグ
レーのニットをトップスに。
ジャンパースカート／
CIAOPANIC
ニット／無印良品
スニーカー／CONVERSE

白でまとめたガーリーコー
デにピンクのストールでか
わいさをひと巻き。顔まわ
りにボリュームを足して。

ニット、ワンピース／
ともにきりまる×ehka sopo
スニーカー／studio CLIP

kirimaru

"PANTS"

こんな色のデニムパンツが欲しかった、を
叶えたよ! ありそうでないくすみピンクと
スタンダードな白の2色。

パンツ／きりまる×ehka sopo

COLOR
VARIATION

ボーイッシュなロゴス
ウェットにはラブリーな
ピンクのパンツで。ラフ
に合わせても、かわいさ
を逃さない色合わせ。

スウェット／
CHANCECHANCE
中に着たシャツ／
ehka sopo
スニーカー／CONVERSE

day
2⁻⁷4
+

day
2⁻⁷5
+

ピンクのパンツに合わせる
アイテムに迷ったら、とり
あえず白でOK! もこも
こハットで遊びを利かせて。

ニット／きりまる×ehka sopo
中に着たシャツ／ehka sopo
ハット／halo commodity
スニーカー／CONVERSE

こだわりPOINT

ハイウエストのストレートパ
ンツ。トップスをインしてウ
エストまわりを見せてもスタ
イルがよく見えるデザイン。

KIRI Chapter. EIGHT

“小物”チェンジを楽しむ！

きりまるらしい色のコーディネートをベースに、
「カジュアル」「エレガント」「モード」など小物を変えて、いろんなテイストに挑戦したよ！
アイテムはすべて本人私物です。

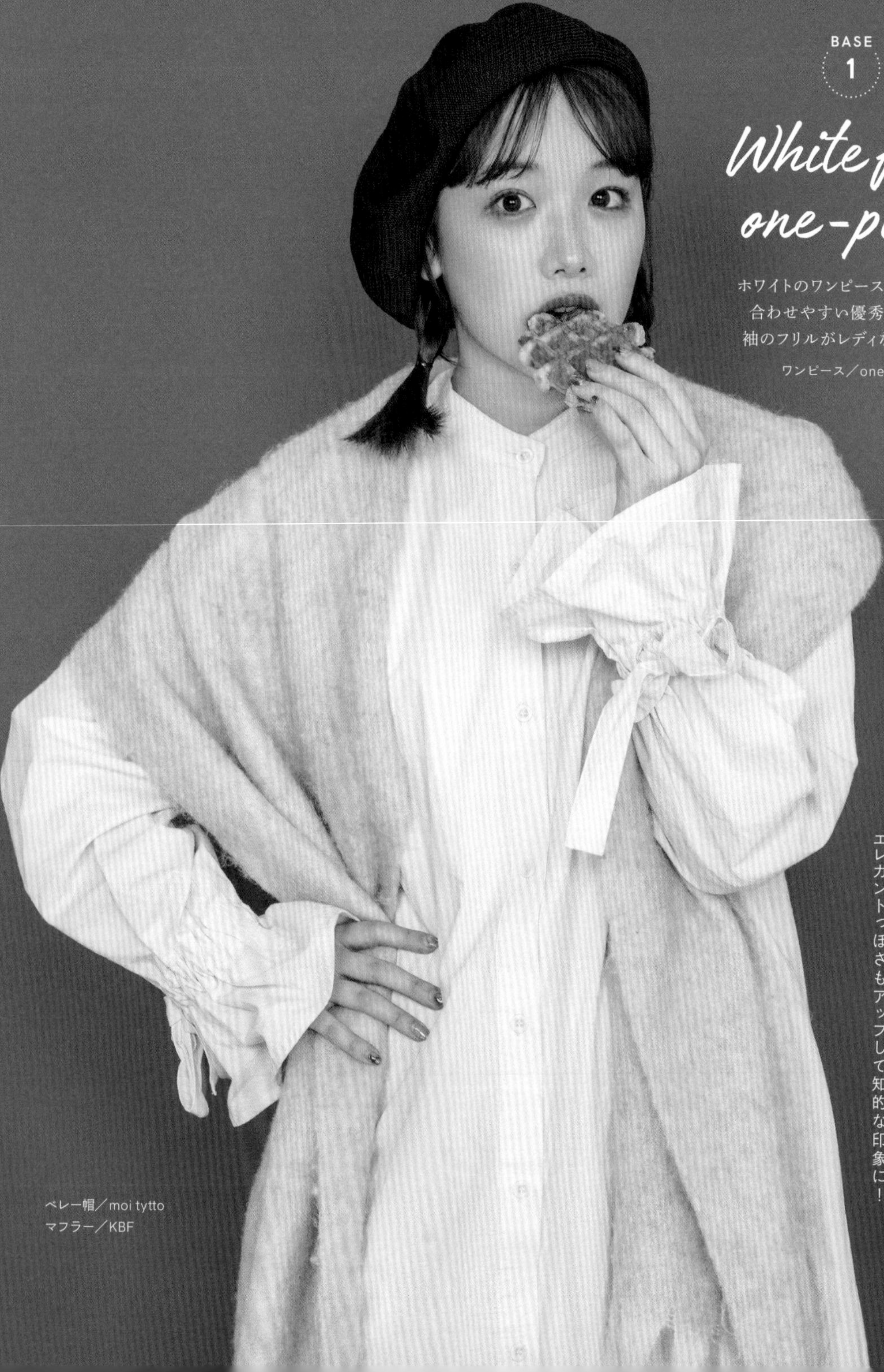

BASE 1

White frill one-piece

ホワイトのワンピースは何にでも
合わせやすい優秀アイテム。
袖のフリルがレディなポイント。

ワンピース／onetome

day 276 +

ブラウンのベレー帽を合わせて、文学少女感を演出。
ベージュのシンプルな羽織りで、
エレガントっぽさもアップして知的な印象に！

ベレー帽／moi tytto
マフラー／KBF

day
—
27^8
+

ニット帽はベージュなら、
女性らしいコーデにも取り入れやすい。
ローファーはブラックで全体のバランスをまとめて。

ワンピースのスリットから覗く、
ブラックのブーツが高見えポイント。
きれいめなベージュのバッグで大人っぽさUP。

day
—
27^7
+

ニット帽／Lee　バッグ／Oni
tsuka Tiger　ソックス／無印
良品　ローファー／ONIGIRI

カチューシャ／ANEMONE
メガネ／JINS　バッグ／CLEA
ブーツ／vivian

ベージュのスカーフを巻いて、洗練された印象に。
マスタードのスニーカーを合わせて、カジュアルテイストもキープ。

リボン付きの袖だから、キャップとスニーカーでも
カジュアルになりすぎない。落ち着いたカラーなら小物も馴染みやすい。

細めのベルトでウエストマークして、女性らしい
シルエットに仕上げる。ブラックのブーツで引き締め効果。

day — 28^1 +

スカーフ／apres jour　バッグ／GRL
スニーカー／CONVERSE

day — 28^0 +

キャップ／Faburous
スニーカー／CONVERSE

day — 27^9 +

ベルト／LOWRYS FARM　ブーツ／vivian

Brown tops × Camel skirt

ブラック、ブラウン、ベージュの小物が多いから、暖色トーンのベースが大活躍！

トップス／無印良品　スカート／onetome

day
─
2822 +

ホワイトのスカーフとパンプスで繊細に仕上げつつ、
しっかりめのブラウンバッグを合わせて、
大人な暖色コーデの完成。

スカーフ／apres jour
バッグ／BURBERRY
パンプス／AmiAmi

day
28⁴
+

キャップとスカートのカラーをリンクさせれば、
浮かずにマニッシュさを演出できる！
ベージュのポシェットで抜け感も。

きれいめフォルムのブラック小物なら、
コーディネート全体を引き締めつつ
エレガントな雰囲気を出せる。

day
28³
+

カチューシャ／ANEMONE
バッグ／GRL　ブーツ／
vivian

キャップ／BIG AMERICAN
SHOP　バッグ／Syncs.Pa
per　ソックス／無印良品
ローファー／ONIGIRI

kirimaru

マットな質感のブラック小物は、どんな洋服にも馴染むので合わせやすい。
女性らしさは小物のシルエットで表現！

ベージュの羽織りでエレガントさを出しつつ、
カジュアルさを残すためにブラウンスニーカーを合わせるとバランス◎。

レディなシルエットの暖色ベースに、スポーティーな
白スニーカーを合わせるだけで、普段と違ったテイストに。

Chapter. EIGHT

day — 28⁷ +　●●●

バッグ／CLEA　パンプス／AmiAmi

day — 28⁶ +　●●●

マフラー／KBF
スニーカー／CONVERSE

day — 28⁵ +　●●●

スニーカー／Onitsuka Tiger

day
288
+

BASE
3

*Beige border
tops*
×
*White wide
pants*

フットワーク軽めに行きたい日は、
ボーダースウェットとワイドパンツ！
ホワイトベースは無敵。

トップス／きりまる×ehka sopo
パンツ／nico and...

ワイン色の小物は合わせ方が難しい印象だけど、
スニーカーなら挑戦しやすい！
コンバースはカラバリ豊富に揃えるのがおすすめ。

キャップ／BIG AMERICAN SHOP
スニーカー／CONVERSE

モスグリーンのバッグを主役に、相性の良いベージュのカチューシャで少女感もしっかり演出。

ピンクのストールで華やかさを添えて抜け感のあるブーツを合わせれば、重くならずレディに仕上がる。

day
— 290
+

day
— 289
+

kirimaru

ストール／きりまる×ehka
sopo ブーツ／Neuna

カチューシャ／Flower バッグ／CIAOPANIC TYPY パンプス／AmiAmi

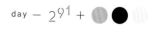

ホワイトトーンのカジュアルなベースにはスニーカーが相性グッド！華奢なブラック小物でレディさも忘れずに。

肌寒くなってきたらマフラーをプラスして温度調整。ほっこりしがちだけど、ブラックで揃えれば大人っぽく仕上がる。

トップスにベージュがあるから、ベージュの小物を合わせるとまとまる。もこもこ帽子で個性もプラス。

day — 293 + ●●○

ハット／halo commodity
バッグ／LOWRYS FARM
スニーカー／ONIGIRI

day — 292 + ○●

マフラー／Acne Studios バッグ／CLEA
スニーカー／CONVERSE

day — 291 + ●

バッグ／GRL スニーカー／CONVERSE

シフォンワンピースなら、ブラックのブーツも強くなりすぎない。グレーのスカーフで繊細さもプラス。

day — 296 +

スカーフ／apres jour　バッグ／CLEA
ブーツ／GRL

モスグリーン×ベージュはどの季節でも合わせやすいコンビ！トートバッグでカジュアルに調節する。

day — 295 +

カチューシャ／Flower
バッグ／CIAOPANIC TYPY
ブーツ／vivian

ブラウンのカーディガンを羽織り代わりにプラスしてレディに！マスタードスニーカーでカジュアルダウン。

day — 294 +

肩にかけたカーディガン／UNIQLO
メガネ／JINS　バッグ／BURBERRY
スニーカー／CONVERSE

BASE 4 — *Beige chiffon one-piece*

ベージュのシフォンワンピースだけでもサマになるけど、小物遊びも楽しみやすい。

ワンピース／um

ベースと同じ淡いカラーのマフラーのときは、他の小物を濃いカラーにして引き締めるとメリハリが出る。

day — 299 +

カチューシャ／LOWRYS FARM
マフラー／KBF　パンプス／menue

白×黒プラス1カラーで華やかさをアップデート。シアーな抜け感のある素材が合わせやすい。

day — 298 +

シュシュ／Puretre　バッグ／GRL
パンプス／AmiAmi

こっくりカラーのブラウン×ワインで、落ち着いたスタイルの完成。ワンポイントのニット帽でマニッシュに。

day — 297 +

ニット帽／Acne Studios　メガネ／JINS
スニーカー／CONVERSE

ヘアをアップにするのも抜け感の秘訣！
マニッシュコーデを女性らしく仕上げる！
華奢なシルエットのブラウン小物で、

他はブラック小物で甘さ抑えめに。
レディな抜け感を出す。
フリルのインナーを首まわりと袖から覗かせて、

ニット帽はベージュにして軽やかさを出して。
とことんボーイッシュに！
ニット帽とスニーカーを合わせて、

day — 302 + ● ○ ●

カチューシャ／ANEMONE　メガネ／JINS
肩にかけたカーディガン／UNIQLO
ローファー／ONIGIRI

day — 301 + ● ○ ●

中に着たトップス／w closet
カチューシャ／LOWRYS FARM
パンプス／AmiAmi

day — 300 + ○ ○ ●

ニット帽／Lee　スニーカー／CONVERSE

BASE 5 — *Beige knit × Moss green wide pants*

モスグリーンパンツとベージュニットでカジュアルに。
小物次第で、女性らしさも表現可能！
ニット／RNA-N　パンツ／um

落ち着きのあるカジュアルなラフスタイルに。
ベーシックカラーにモスグリーンのバッグとパンツを合わせて、

レディに仕上げる。ニットはインして、すっきりシルエットに。
女性らしいシルエットのブラック小物で、全体を引き締めつつ

甘さもプラス。細いリボンを合わせて、
マストハブなアイテム。どんなテイストにも合う
黒いリュックはカジュアルはもちろん、

day — 305 + ○ ● ○

バッグ／CIAOPANIC TYPY
スニーカー／CONVERSE

day — 304 + ○ ● ●

バッグ／GRL　パンプス／AmiAmi

day — 303 + ○ ● ●

リボン／手芸屋さんで購入
リュック／moi tytto
スニーカー／CONVERSE

LOOK

ラブリーなテイストからストリート系まで、
普段は着ないテイストのコーデに挑戦！
いつもとは違う一面が見られちゃうかも。
あなたはどのきりまるが好き？

KIRI
Chapter.NINE

MEN

kirimaru

いつもと違う
きりまるはいかが？

OFF TIME
LOVELY
CHIC WOMAN
VINTAGE
COLORFUL
COOL

オフの時間はもこもこに包まれて。

どんなときでもかわいくいたいのが乙女ゴコロ。着ているだけでハッピーになれる、とびきりキュートなルームウェアをまとったきりまるを特別にお届け♡

day 306+

肌触りの良いパジャマはお休みモードに切り替えたいときの必須アイテム。リボンのヘアバンドとスリッパがキュート。
トップス¥7,040、パンツ¥6,820、ヘアバンド¥2,200、スリッパ¥3,520／すべてgelato pique（gelato piqueルミネ新宿店）

day 308+

ライトブルーの雲柄ワンピースを着て、リラックスムードを演出。ワンちゃんのスリッパで癒やしをプラス。
ワンピース¥7,480、アイマスク¥2,420、ソックス¥2,200／すべてgelato pique（gelato piqueルミネ新宿店）スリッパ／本人私物

day 307+

ピンクの雲柄セットアップは着るだけでファンシーな気分に。クマちゃんモチーフのスリッパが愛らしい。
トップス¥6,380、パンツ¥4,840、ヘアバンド¥2,640、スリッパ¥3,520／すべてgelato pique（gelato piqueルミネ新宿店）

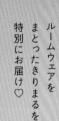

kirimoto

大きめニットとショートパンツの相性は抜群。足の露出が多いから、もこもこソックスで足元をしっかり温めて。
トップス¥6,380、パンツ¥4,840、ソックス¥1,980／すべて gelato pique（gelato piqueルミネ新宿店）

day
—
310
＋

day
—
309
＋

Off *Time*

day
—
311
＋

スタイリッシュなストライプ柄のパジャマ。足元が寒いときにはマフラーが必須。寝起きのメガネ姿はグッとくる……！
トップス＆パンツ¥10,780／ gelato pique（gelato piqueルミネ新宿店）
メガネ、マフラー／ともに本人私物

珍しいバナナ柄のセットアップ。薄手なので、体温調節のしやすいパステルピンクのパーカーをON。
パーカー¥7,040、トップス¥4,620、レギンス¥4,080、スリッパ¥3,520／すべて gelato pique（gelato piqueルミネ新宿店）

ラブリーな世界へ

ようこそ。

おとぎ話のような、
ドリーミーな世界観って昔から憧れる。
ここではフリルやリボン、
レースを身につけて、
まるでプリンセスのような気分に。

day
—
312
+

襟のフリルが印象的なワンピース。チューリップの刺繍やリボン付きのパンプスでかわいらしさをアップ。ワンピース¥9,900／merry jenny カチューシャ、ソックス、パンプス／すべて本人私物

kirimaru

フリルがかわいらしいワン
ピースには、同系色の小物を
合わせてまとまりをつくって。
お花のサンダルがキュート！
ワンピース¥9,900／merry
jenny　サンダル¥18,700
／ chay collections by
DIANA（ダイアナ 原宿店）
ハット／本人私物

day
3|13
+

day
3|16
+

首元にボリュームのあるシャツは、
黒のオールインワンをレイヤードし
てコーデにメリハリをつけて。
サロペット¥9,350、シャツ¥8,800／
ともにmerry jenny　ブーツ¥33,000
／ダイアナ（ダイアナ 銀座本店）

day
3|14
+

day
3|17
+

day
3|15
+

Chapter. NINE

お花の刺繍が施されたざっくり編み
のカーディガンにパステルカラーの
フリルスカートを合わせてラブリー
さを加速。
カーディガン¥9,350／merry jenny
スカート¥7,150／mystic（mystic
ベースヤード原宿店）　パンプス
¥7,500／オリエンタルトラフィック
（ダブルエー）　ソックス／本人私物

袖とポケットにレースが付いた甘め
デザインのパーカーには、ブラック
アイテムを投入して甘辛ミックスに。
トップス¥7,150、スカート¥8,800
／ともにmerry jenny　ソックス、
ブーツ／ともに本人私物

甘いデザインが施されたライトブルー
のトップスが主役。ボトムスや小物を
ワントーンで揃えてすっきり見せて。
トップス¥7,700、スカート¥8,800
／ともに merry jenny　パンプス
¥5,060／MERY shop（MERY）
タイツ／本人私物

day
318
+

サテン生地のシャツは前側をパンツにインしてスタイリッシュに。ハイヒールで足首を見せればコーデがすっきり見える。
シャツ¥1,599、パンツ¥1,699／ともにGRL　パンプス¥6,500／オリエンタルトラフィック（ダブルエー）

光沢のあるスカートはタイトなシルエットを選んで。動きやすいペタンコ靴も、ヒョウ柄を選べばコーデのスパイスに。
トップス¥1,599、スカート¥2,199／ともにGRL　パンプス¥14,300／ダイアナ ウェルフィット（ダイアナ銀座本店）

day
320
+

day
321
+

暗いカラーのニットワンピースには、差し色としてピンクのカーディガンをチョイス。肩がけでも映える！
肩にかけたカーディガン¥3,290／MERY shop（MERY）ワンピース¥1,799／GRL　パンプス¥8,500／オリエンタルトラフィック（ダブルエー）

Vネックトップスに派手柄のショートパンツを合わせてちょっぴりセクシーに。エッジの利いたブーツを合わせれば強めお姉さんの完成！
トップス¥1,799、ショートパンツ¥1,699／ともにGRL　ブーツ／本人私物

day
319
+

きれいめお姉さんにも
憧れる ♥

タイトシルエットや
フリルブラウスみたいに、
コンサバティブなアイテムが新鮮。
エレガントな装いでバリバリ働く
OLさんになりきってみた！

kirimaru

day
3 2 3
+
● ● ●

ボリュームのあるブラウス
にはタイトスカートを合わ
せるのが鉄則。ダルメシア
ン柄でこなれ度もアップ。
ブラウス¥1,699、スカート
¥1,799／ともにGRL　パン
プス¥6,500／オリエンタル
トラフィック（ダブルエー）

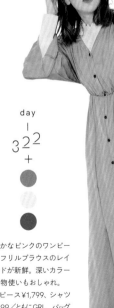

day
3 2 2
+
● ● ●

鮮やかなピンクのワンピー
スとフリルブラウスのレイ
ヤードが新鮮。深いカラー
の小物使いもおしゃれ。
ワンピース¥1,799、シャツ
¥2,099／ともにGRL　バッグ
¥6,050／mystic（mystic
ベースヤード原宿店）　パ
ンプス¥3,289／titivate

Chapter. NINE

CHIC WOMAN

柄物のワンピースを着ると
きは小物使いがポイント。
さりげなく覗かせるタイツと
スカーフを同系色に揃えて。
ワンピース¥2,090、スカー
フ¥2,090／ともに原宿シ
カゴ 原宿店 タイツ、ブー
ツ／ともに本人私物

day
—
3 2 4
+

day
—
3 2 5
+

お手のもの。

VINTAGE

ヴィンテージだって

おしゃれの幅をぐんと広げてくれるヴィンテージ。
シックで上品なヨーロッパヴィンテージから
カラフルなアメカジまで、きりまる流に着こなします！

デニムサロペットにパープルのス
ウェットを合わせれば一気にアメリ
カンなムードに。メガネでギークな
エッセンスもプラス。
オーバーオール¥2,090、スウェッ
ト¥2,090／ともに原宿シカゴ 原宿
店 メガネ、スニーカー／ともに本
人私物

kirimaru

day
3 2 6 +

柄物とシックなブラウスが
THE ヴィンテージな組み
合わせ。パンプスの色を
シャツに合わせるとまとま
りが出て◎。
ジャケット¥4,290、ブラウ
ス¥3,190、パンツ¥4,290
／ともに原宿シカゴ 原宿店
パンプス¥5,830／SELECT
MOCA

day
3 2 7 +

柄ON柄でも、色でメリハリ
をつければまるで上級者コー
デに。頭にスカーフを巻いて
レトロな雰囲気をまとって。
ワンピース¥3,190、トップ
ス¥1,100、スカーフ¥1,100
／すべて原宿シカゴ 原宿店
パンプス¥6,500／オリエン
タルトラフィック（ダブル
エー）タイツ／本人私物

day
3 2 9 +

透け素材のパープルトップ
スがコーデの主役。鮮やか
なイエローのパンツでコー
デにメリハリをつけて。
トップス¥9,680、パンツ
¥9,680／ともに vintage
（MARTE）ブーツ／本人
私物

day
3 2 8 +

同系色でまとめたこなれ感
のあるレイヤード。ベスト
はウエストマークしてスタ
イルアップも叶えて。
ベスト¥12,100、トップス
¥6,380、パンツ¥9,130／
すべて vintage（MARTE）、
ミュール¥15,950／ダイア
ナ（ダイアナ 銀座本店）

COLORFUL
COLORFUL

ピンク×ライトブルーのビタミンカラーコーデ。スウェットから覗くボーダーのタートルネックがさりげなくおしゃれ。
スウェット¥7,700、パンツ¥5,500／ともにjouetie
ブーツ¥22,000／ダイアナ（ダイアナ 銀座本店）

day
—
330
+

ストリートを、
カラフルに、
着こなす。

ここではストリートかつ、普段は着ないようなプレイフルなカラーのアイテムが勢揃い。鮮やかなカラー同士の組み合わせも意外と好きかもしれない……!?

kirimaru

day
—
332
+

普段から着るニットベストもユニークなデザインのスカートと合わせればいつもと違って見えるから不思議。
トップス（シャツとベストのセット）¥9,900、スカート¥7,700／ともにjouetie バレッタ¥4,290／The Skips × MERY shop（MERY） ブーツ¥22,000／ダイアナ（ダイアナ 銀座本店）

day
—
331
+

ゼブラ柄の大きな襟がセットになっている色鮮やかなスウェットには、レザーのショートパンツとロングブーツでエッジを利かせて。
スウェット¥7,700、パンツ¥6,600／ともにjouetie
ブーツ¥33,000／ダイアナ（ダイアナ 銀座本店）
カチューシャ／本人私物

たまにはクールにキメたい

day
— 334 +

kirimaru

大胆にデコルテを見せた
トップスは、肩にボリュー
ムがあるので細見えを叶え
てくれる。足首のリボンで
こなれ感もアップ。
トップス¥5,990、パンツ
¥7,990／ともにEMODA
（EMODA ルミネエスト新宿
店）ブーツ¥22,000／ダ
イアナ（ダイアナ 銀座本店）

いつものテイストと正反対の
タイトなデニムやゴツめの
サンダルも、着こなし次第で
自分らしいスタイルに
アップデート！

day
— 333 +

スキニーパンツにビッグシルエットのシャ
ツを合わせた涼しげコーデ。サンダルで足
首を見せることでスタイリッシュに。
シャツ¥6,990、パンツ¥13,990／ともに
EMODA（EMODA ルミネエスト新宿店）
サンダル¥21,450／ダイアナ（ダイアナ 銀
座本店）

day
— 335 +

透け感のあるレース編みの
ボトムスに初挑戦！ 厚底
のサンダルと合わせて足を
長く見せるのもポイント。
トップス¥5,990、パンツ
¥6,490、サンダル¥12,980
／すべてEMODA（EMODA
ルミネエスト新宿店）

COOL STYLLE   COOL STYLE   COOL STYLE   COOL STYLE

FASHION MEMORIES

思い出の詰まったコーディネートたち

お気に入りコーデのコレクション。春夏、秋冬、特別な日、
特に思い出深い日のシーンに分けて、思い出と一緒に紹介するよ!

Daily Coordinate SS

SSコーデは軽快さが魅力。春夏でも爽やかに
着こなせるレイヤード術に注目!

メインが黒のときは
小物を明るめにして
バランスを
保つ"

淡い色の組み合わせが
多くなる春夏! 過ごしやすい
軽やかな素材で、ゆるっと
シルエットに仕上げるのが好き♡

芝生って裸足になって走りたく
ならないっ これは私だけかな。

day 337+

day 336+

この日は公園でお散歩しました♪
自然ってとっても落ち着きますよね〜

かごバック + ワンピースで 少女感強めです…笑

キレイめコーデに
あえてスニーカーを合わ
せてカジュアルさを+

夏心をくすみカラーで 女の子を
たのしんでまーす♡〜 ♡ ♡

day 338+

かみの毛もゆる〜く。

ゆる〜く

day 342+

day 341+

くすみ最強〜

day 340+

day 339+

ベーシック×差し色♡

たまーに
脚出ししたくなる

私的このコーデは
すごくお気に入り!

Daily Coordinate AW

レディな日もボーイッシュな日も
ゆったりと着心地の良い秋冬コーデ。

kirimaru

✎ カフェに行ったよ"""

day
346
+

なぜかたまに
カジュアルやボーイッシュな服を
着たくなるんです。

↓
私ってパンツの裾
いつも長いよね？
自覚はないんだけど
写真みていつも
あ。今日も「なが」って
1人でツッコんでます

秋は深みカラーで
大人めコーデ と

day
344
+

day
343
+

なつかしい……♡

2年前に東京旅行に行った
時のコーデです♡
表参道に行くからってことで
甘めは残しつつ大人っぽい
コーデをした時だ〜♪♪

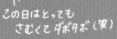

day
345
+

↑
この日はとっても
さむくてダボダボ（笑）

day
348
+

くすみ×大人コーデ

たまには
カジュアル！な
きりまるも ♡

day
347
+

メガネ b-o ×コンバース

こうやってふり返ると、
秋冬は大人めコーデが
多いですね♡!

全身 ↗
ehka sopo
コーデ ♡

たまに
ブーツも。

ゆるスエードに
ゆるパンツが
ゆ〜るく！

Minamiaso
is
Cute

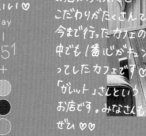

day
350
+

ゆるゆる
オーバーニットが
かわいい♡

day
351
+

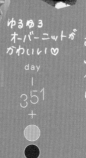

これは熊本県にある
すっごくかわいい
カフェです♡ とにかく
お店がかわいくて
こだわりがたくさんで
今まで行ったカフェの
中でも1番心がキュン
ってしたカフェです♡
「ガレット」さしという
お店です。みなさんも
ぜひ ♡♡

day
349
+

＼わ～い／
韓国 旅行♪

お姉ちゃんと初めて韓国に行った時のスペシャルな日のユーデです↑

冬の韓国はすごくさむいのでピンクのマフラーを付けました ⛄

カジュアルコーデも気分でやりたくなる。コンバース最強。

day 353

大人っぽくもありつつ、けど甘くもありたかった日♪（安）

day 352

髪をばっさりと切った日です☆

深みカラーもだいすきです。

これはクリスマスにグランピングに行った時すごくお気に入りのコーデです…♡
宿泊場もクリスマスになってて感動でした

day 356

day 355

みんなだいすきディズニー♡ "デ～"

楽しい思い出でいっぱいのコーディネートたち。皆にもぜひ真似してほしいな……!

day 354

ディズニーシーにプーさんをつけていくという失態をしてしまいました…

近所にすごくかわいい「おにぎり屋」さんがあるんです!! その日の一枚。だよ

day 358

水族館に行った思い出の日

day 357

Special Events

特別な日は、とびっきりのおしゃれを楽しみたい。
スペシャルイベントBEST7!

Memorable Coordinate

特に思い出深い7つのコーディネート。
きりまるオススメのスポットも要チェック!

ここにあるコーデは
どれも思い出いっぱいで
わくわくしますな…

割とその日の行く場所に
合わせてコーデを組んだり
しております!うおぉ…
もっとしゃべりたい…
「この日はこんな1日で〜」
って説明したいですが
スペース足りないので
このへんで〜笑

day
359
+

人生初 IKEAに
行った日 ニ3

ふれあい 純度 100%!
私が大分で いちばんだいすきで
よく行く場所です。😊

初めて行く人は
ちょっとびっくり
しちゃうかも
です!

「くじゅう自然
動物園」

day
360
+

マルプスの少女

なんだか 動物との思い出が
多い……(笑)?皆の参考に
なりますように♡

くつの上にカマキリが乗ってきて
うおぉぉ〜ってなってる時の1枚です(笑)

day
362
+

ここも大分名物 巡
「地獄めぐり」です。
海地獄が有名だけど
私はどうぶつにふれ
あえる「山地獄」と
「ワニ地獄」がオススメ
動物好きの私にとって
だーいすきな場所。

day
361
+

このページでも
たのしんでね〜♡

day
365
+

福岡のカフェに行ったが
臨時休業だった日…

別府のカレー🍛
バサラハウス↓

day
364
+

day
363
+

大分の国東(くにさき)
っていうところに海辺の
すごくかわいいコーヒー
飲めるところがあるんよ。
田舎のゆったりした場所
で海をみながら飲む
コーヒーは至福です…🌈
自然あふれる場所に行くと
「あぁ、大分に住んでて
良かった〜」って思い
ます。やっぱり大分が好き
です…
みんな温泉入りに来てね

PERSONAL

_CUTE

レシピ

気分やシチュエーションで雰囲気をチェンジできるのがメイクの楽しいところ。きりまるの普段のメイクをはじめ、4パターンのメイクをテイスト別にご紹介。もちろん、ALLセルフです!

アイテムはすべて本人私物です。

AND HAIR

MAKE UP

makeup & hair

kirimaru

KOREAN MOOD

_COOL

きりまるメイク

ONE TONEでまとめる！
スタンダードのきりまるメイク

きりまるメイクは全体のトーンを揃えるのがポイント。
普段のファッションはブラウン系やくすみカラーが多いから、
メイクもお洋服に馴染むオレンジ系で。

BASIC

HOW TO

1. aを顔全体に均一に塗る。2. bの1.2番を混ぜて、まぶた全体と涙袋に指で馴染ませるように塗る。3. bの4番を二重幅と涙袋に塗り、3番を目尻の3分の1、まぶたの目尻にも3分の1塗る。4. cを下まぶたの目頭から黒目の中心まで塗る。5. dを上下のまつげに、濃くなりすぎないように少しずつ足して長さを出す。6. eを頬の中心から外側に向かって指でポンポンと塗る。7. fを鼻筋、目頭、頬、あご下に指でのせ、顔の立体感を出す。8. gをリップラインに沿ってしっかりと塗る。

a

HAIR POINT!
落ち着きのある
ハーフアップに。

c b

e d

g f

a.UVイデア X プロテクショントーンアップ／ラ ロッシュ ポゼ b.BROWN RUM／3CE c.ラスティング3Dシャドウライナー／K-パレット d.ロング＆カールマスカラ アドバンストフィルム 51／ヒロインメイク e.インフィニトリーカラー 02／セルヴォーク f.ミネラライズスキンフィニッシュ／M・A・C g.JUICY LASTING TINT 08／ロムアンド

kirimaru

うるみEYEで見つめて 甘々ピンクメイク

少女のようなかわいさがほしいときは、
大粒のピンクラメをまぶたにあしらって守りたくなるようなうるみ目に。
ラインストーンで遊びゴコロも忘れずに♡

_CUTE

HAIR POINT!
高めのツイン
お団子で
愛おしさをプラス。

HOW TO

1. aを顔全体にまんべんなく塗る。2. bの2番を指でまぶた全体と涙袋に塗る。3. cの1番を二重幅と涙袋に塗る。4. bの1番を下まぶたの目尻3分の1に塗り目元を締める。5. dを目尻に太めに引く。6. eを根元からしっかりと塗り存在感を出す。7. fをブラシで頬の中心と鼻先に入れ、血色感を出す。8. gを鼻先と頬に塗り艶を出す。9. hをオーバーに塗る。10. 仕上げにストーンを頬に貼って遊んで。

a.プロテクティング ファンデーション プライマー S01／ポール＆ジョー b.PRO EYE PALETTE 04 STREET BRICK／CLIO c.JUST EYE PALETTE PICNIC／LAKA d.クリーミータッチライナー 05／CANMAKE e.アイエディション アクティブスタイル／エテュセ f.タッチマイチーク 03 スイートグレープフルーツ／Milk Touch g.PRISM AIR HIGHLIGHTER 01 GOLD SHEER／CLIO h.JUICY LASTING TINT 09／ロムアンド

ぽてっとLIPで惑わす 韓国系メイク

高発色のティントでじゅわっと色気の感じられる唇に。

韓国っぽさを出すなら透明感のある肌に映えるリップの血色感がカギ！

HAIR POINT!
前髪をシースルー
バングにセットすれば
韓国系メイクの完成。

_KOREAN
MOOD

a.キルカバー ファンウェア クッション XP 03 リネン／CLIO
b.play color eyes leather shop／ETUDE HOUSE c.トゥイ
ンクルグリッター シュガースター 03／パピメロ d.ラスティンファ
イン E クリームペンシルアイライナー ダークブラウン／dejavu
e.ロング＆カール マスカラ スーパーWP 02／ヒロインメイク
f.PASTEL BLUSHER CR01／A'pleu g.ZERO VELVET TINT
／ロムアンド h.#21 VILLAIN VEST／ロムアンド

HOW TO
1.aを顔全体に塗り肌をマットに。2.bの3番を
指でまぶた全体に塗る。3.bの1番を二重幅と
涙袋に、2番のラメをまぶたにポンポンとのせ
る。4.cのラメを下まぶたの目頭から3分の1入
れる。5.dを目の形に沿って少し長めに引く。
6.eを根元からしっかりと塗る。7.fを頬の中心
に薄く入れ、血色感を出す。8.gを唇全体に薄
く塗り、指で外側に向かってぼかす。9.hを唇
の中心に塗り、軽く指でぼかして馴染ませる。

CHEEKでヌーディーに
クールな大人っぽメイク

ヌーディーカラーのチークで顔に立体感を出して眉の輪郭を
くっきりと描けば、凛とした顔立ちにアップデート。
アイシャドウとリップの深みカラーでクールに決めて!

kirimaru

HOW TO

1. aを顔全体に馴染ませるように塗る。2. bの1番と2番を混ぜ、涙袋の影と、眉頭〜目頭〜小鼻横の影にラインを描いて、涙袋と鼻に立体感を出す。3. cの1番を指でまぶた全体に塗り、2番を目尻の3分の1に塗る。4. dで眉毛を描く。眉山をしっかり描くのがポイント。5. eを全色混ぜ、頬の高い位置から外側に向かってのせる。6. fをリップラインに沿ってしっかりと塗る。7. gを顔全体に振りかけて肌につやを出す。

COOL

HAIR POINT!
オールバックで
顔の印象を
はっきりと。

a. スタジオフィックスフルイッド NC14／M•A•C b. デザイニングアイブロウ3D EX-4／ケイト c. スモールアイシャドウ ×9 バーガンディ タイムズ ナイン／M•A•C d. キルブロー AUTO HARD BROW PENCIL 2LIGHT BROWN／CLIO e. グロウフルールチークス e 10／CANMAKE f. ティグニファイド リップス10／セルヴォーク g. シュペリエル つや玉ミスト／エリクシール

makeup & hair

Let's enjoy
diet!

Diet

しあわせいっぱいのゆるっとダイエット

好きな洋服を着るためにボディメイクを
ゆるっと楽しむきりまる。ノンストレスにMAX58kgから45kgまで
減量した秘訣をご紹介!

.Kirimaru Recipe.

好きなものを我慢せずに、調理法を工夫して食べるのがきりまる流ダイエット。
ヘルシーで食べ応え抜群のアレンジレシピをご覧あれ!

もりもり野菜を摂りたい

**油と糖質控えめの
ヘルシーセット**

鮭のホイル焼き、もやしのナムル、白菜のマヨネーズ和え、野菜たっぷりの豆乳スープ。油を一切使用しない低糖質セット。たくさん食べたいときは調理方法がシンプルなヘルシーメニューで素材の味を楽しめばお腹も満たされるよ♡

**白菜
ミルフィーユ鍋**

白菜に豚肉を挟んで鍋に敷き詰め、ごま油とブラックペッパーを少量かけて加熱するだけ! そのまま食べても美味しいし、ポン酢につけるのもおすすめ。ヘルシー×タンパク質の組み合わせで罪悪感なしのしあわせメニュー!

タンパク質たっぷりメニュー

**鶏胸肉の
生姜焼き風**

炒めた鶏胸肉に醤油、みりんと生姜チューブを少し加えて生姜焼き風の味付けに。きざみ海苔をトッピングして見栄えUP。運動後はプロテインドリンクもいいけど食べ物からも良質なタンパク質を摂るようにしているよ。

**運動前の
ぱぱっと栄養補給セット**

豆乳オートミールリゾット、お豆腐＋納豆＋生卵、ツナ、ひじきの煮物のタンパク質盛りだくさんの最強ダイエット食。これを運動前に食べてしっかり体脂肪を燃やすよ! 朝は豆乳割りの青汁も飲むように心がけてる。

甘いものだって食べたいもの♪

**毎日食べる
無糖ヨーグルト**

ダイエット中に甘いものが食べたくなったときはフルーツ! 果物には酵素が入っているからなるべく朝に食べるのがおすすめ。無糖のヨーグルトにフルーツをトッピング♡ 甘さが足りないときは純粋はちみつを少しだけ。

バランス良く コンビニご飯を取り入れて

**コンビニ食品には
栄養をプラス!**

小腹が空いたとき、時間がないとき、自炊が面倒なときはコンビニに頼っちゃう(笑)。なるべく高タンパク＆低カロリーなものを選ぶようにしているよ。足りない栄養は納豆、キムチ、お豆腐、青汁などで補うようにするのがポイント!

白米感覚で食べられる オートミールに頼るべし♪

ツナ豆乳リゾット風

鍋にオートミール30g、豆乳100〜200ml、コンソメキューブ½、ブラックペッパー適量を入れて温める。最後にとろけるチーズとツナを加えて完成! タンパク質豊富なツナはダイエットの強い味方。一度は食べてほしいメニュー!

石焼ビビンバ風

オートミール30gに50mlの水を足して1分レンチン。納豆とコチュジャンを加えて混ぜて、ごま油をひいたフライパンで炒める。仕上げに韓国海苔やキムチ、生卵を盛り付けて完成。韓国料理が食べたくなったときはこれ!

明太豆乳リゾット風

豆乳をお鍋で温め、野菜と細かくした明太子を入れる。火が通ったらオートミール30gを入れて膨らんだら完成。豆乳とお水を1:1にするとスープ風に! チーズを入れても◎。オートミールメニューの中で一番よく食べている一品。

お好み焼き風

オートミール30gに90mlの水と和風だしの素を適量入れてレンジで温める。そこにキャベツを混ぜて焼くだけ! しっかり食べ応えがあって罪悪感なしのふわふわお好み焼きの完成♡ 全部ビニール袋に入れて混ぜると時短になるよ♪

.Training.

メリハリのあるきれいな体を目指して運動も頑張ってるよ。
まずは体の中で一番大きな筋肉がある太ももから鍛えるのがきりまる流! 2種類の筋トレを要チェック。

TRAINING 02
ワイドスクワット

TRAINING 01
足パカ

脚を下げるときに息を吐いてね!

ゆっくり開閉してね!

太ももが膝の高さと並行になるまで下げていく。これを10回×3セット!

足先を約45度外に向けて肩幅より広めに脚を開いて立つ。

太ももの内側が痛気持ちいいくらいまで脚の力を使って開いたり閉じたり!

仰向けになって、両脚が床に対して垂直になるまで上げる。

.Massage.

もともと浮腫みやすい体質だから、毎晩のマッサージは必須。
ルーティン化しやすい、アイテムいらずのとっても簡単なマッサージを紹介するよ。

痛いときは、ボディオイルやたっぷりの化粧水をつけて実践してね!

くるぶしから膝まで上に向かって親指で押していく。

両手をパーにして上に滑らせてリンパの流れを良くする。

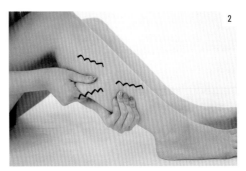

1の部分をぎゅっぎゅっと揉んで柔らかくする。

PUSH

しあわせ
いっぱいの
理由

きりまる
の
ゆるっと
マインド

きりまるが楽しくきれいになっていく理由は考え方にあり。いつも笑顔でいっぱいのノンストレスなダイエットを叶える3つのマインドをご紹介。

見つけたー！！

1. たくさん笑う

ストレスはダイエットにおいて1番避けたいもの。リバウンドの原因にもなるしね……。ストレスを溜めないためにも、笑うことを意識して過ごしているよ！ 誰かと会ったり、電話でお喋りしたり、面白い動画を見たり。楽しいこと、自分の好きなことをしてとにかく笑う！ 停滞期が来て落ち込んでも、食事も気をつけてるし、運動もしてるし大丈夫でしょ！ って基本笑顔（笑）。自分の好きなことや没頭できる趣味の時間をたくさん堪能してください♡

Zzz…

3. たくさん寝る

お仕事で早寝が難しいときもあるけど、なるべくたくさん寝るように心がけているよ。寝ている間は食べられないからっていうのもある（笑）。たくさん寝ると、生活リズムも整ってダイエットだけじゃなくてお肌の調子も良くなったり、浮腫みや疲労も軽減されたりと良いことだらけ！ 頑張っているのに体重が減らないときもあると思うけど、焦らないで大丈夫！ 結果と続けることが大切。自分に合う方法を見つけてゆっくり一緒にきれいになっていこうね♡

2. たくさん食べる

食べないっていう我慢はどうしてもストレスにつながってしまう……（笑）。だからヘルシーなものをたくさん食べる！ 週1回好きなものを食べられる日を作って、モチベーションを保つのもおすすめ。でも、その代わりに食べる時間や順番は日頃から気をつけること！ 夜中の炭水化物と小麦粉はNG。後は、飲み物からカロリーは摂取しないようにしているよ。その分食べ物を食べたいから（笑）！ 早食いは太りやすいからゆっくり料理の味を楽しもう。

もっと私を知ってください。

(Interview)

まるはだか

インフルエンサー、インスタグラマー、ユーチューバー........
ファンの方もいて、名前も知られるようになった私だけど、きりまるって一体何者?
自分でも分からない「きりまる」という存在について、改めて考えてみたよ。
皆の声に応えながら、どう始まって、私はどこへ行くんだろう。

2020年1月にYouTubeを始めたときは、
看護師の仕事を辞めて、
これから何をしようって
ちょっと悩んでいた時期で。
それまでは看護の勉強やお仕事を
頑張るという目標があったんですけど、
辞めた後、私は何もしてない人だって
落ち込んでしまって。とにかく何かを頑張る
自分になりたいと思ったんです。
それで、SNSを続けるんだったら
YouTubeも始めてみようかなって。
それまでInstagramやTwitter は
していたんですけど、動画の方が
自然体の私を見てもらえるし、
もっと中身をきちんと
知ってもらえるかなと思って。

きりまる、始まる

高校生のとき、カップルで記念日の動画を作って
送り合うのが流行っていたんです。
私も記念日動画を編集するために
ミックスチャットっていうアプリを使ってたんですけど、
彼に送るつもりだった動画を間違って
SNS上にアップしちゃって(笑)。
それが、今でいうバズり動画になったのが
SNSを始めたきっかけでした。
知らない誰かから反応があったことが
新鮮で、うれしくて、そのあと
自分から投稿をするようになりました。
自分の意思というより、
偶然SNSの世界に入ったのが始まりです。

ファンの方がついてからは、
どうやってメイクしてるのとか、
どんな服を着てるんですかって、
コメントで質問が来るようになって。
それに答えるような投稿をしているうちに、
私のファッションやメイクが
注目されるようになって、
だんだん今のスタイルが
出来上がっていったんです。

**きりまる、
中身を知ってほしくなる**

私のInstagramしか見たことない方が
初めてYouTubeを見たら、キャラを作ってるって
思われるかもしれないけど、どっちも本当の私です(笑)。
でもYouTubeで出しているのは、
より自然体というか、友達や家族に見せる姿に近くて。
素を見せるようになったからか、
YouTubeを始めた後、ファンの方の熱意も
濃くなりました。きりちゃん! きりちゃん! って
毎日言ってくれるような熱いファンの方たちが増えたんです。
私がアップしたストーリーに
毎日反応してくれたり、メンション機能で
お手紙のように長文をくれる方もいます。
見た目だけじゃなくて、考え方とか性格とか、
内面まで好きって言ってくれる方が
増えたように感じます。

知 り た い っ て 言 わ れ た ら
言 っ て し ま う 性 格 で す 。

ファンの方に一番伝えたいと思っているのは私の内面や考え方なので、
YouTubeで伝えられるようになって、とてもうれしいんです。
ファッションやメイクは、専門家ではないので、
私なりのやり方しかお伝えできないけど、
こういう考え方をしているんだってことはきちんと伝えたくて。
それで、言わなくていいことまで言っちゃうことも多いんですけどね(笑)。
私のことを知りたいと思ってくれている方に隠し事をしたくなくて。
まだ言っていない話を自分の中にずっと留めているとソワソワしちゃって、
隠し事をしている感覚になっちゃう。たくさんの方から
聞きたい! って言われたら、けっこう何でも言っちゃいますね(笑)。

いま色々なSNSで活動をしてるけど、
お仕事しなきゃ! という感覚ではやらないようにしています。
もちろん、お仕事に対する責任は持っているんですけど、
やらなきゃいけないからしているというより
プライベートの私のままで割と自由にやっている感覚でいたい。
だから空き時間があると自然にSNSの作業をするので、
完全にオフの時間は少ないかもしれません。
母譲りで、ゆっくりする時間がありすぎると
ソワソワしちゃうタイプなので、いいんですけど(笑)。

kirimaru

私、いまだに自分の肩書きが分からなくって！
看護師になるつもりで看護の学校に行ってたのに、
気がついたらこうなっていたから（笑）。偶然始まって、
あまりに自然な流れで今に至るから、私自身、
昔から何も変わっていないような気がしていて。
YouTubeを始めてから、最近ようやく
「ユーチューバーです」って名乗っていいのかもって
思い始めたんですけど、まだ自信を持てないんです（笑）。

自分のことは……嫌いではないけど、自信はないなぁ。
自信がないなら人前に出るような活動しなければいいって
言われちゃうかもなんですけど、今の活動は
自分がしたいからというより、見てくれる方がいるから
やってるっていう感覚が一番大きいんです。
好きか嫌いかっていう目線で自分を客観的に見たことがないから
「長所は？」って聞かれても答えがサッと出てこない。
でも、嫌いなところも……出てこない。
なんだか自分が分からなくなってきました（笑）。

きりまる、
分からなくなる
こともある

自分がしたいからじゃなくて
見てくれる方がいるからできる。

きりまる、
未来を見つめる

次の1年の目標は……YouTube登録者数70万人突破！
今決めました！　2020年1月にYouTubeを始めてから、
何をしたらファンの方たちが喜んでくれるのかを
私なりに分析して、だんだん分かるようになってきたんです。
分かりやすくきれいにメイクを紹介している方は
いっぱいいるから、メイク動画でも私なりの
飽きないジワリポイントみたいなのを入れるようにしています。
面白いことは言えなくても、ちょっとジワるくらいのことは
頑張って入れるようにしてるんです！

見る方が参考にできるような分かりやすさは大事にしつつ
インパクトのあるキャラとか、何かをプラスして編集するように心がけています。
きれいになりすぎないように、あえてちょっと雑になるように。ちょっとキモいくらいが好きなんですよね（笑）。
親近感は大事にして、友達感覚で見てほしい！　そして5年後は……目指せ登録者数100万人！

interview

例えるなら、
きりはお日さまで、
私はコンクリート（笑）。
ーえみ姉

りの時間

きりまるの実の姉、えみ姉が登場！
不仲だった中高時代から、
お互いがなくてはならない存在と語る
今に至るまでの思い出を振り返ったよ。
仲良しすぎるふたりの世界へようこそ♡

With sister

きりまるの幼少期はモテモテな二重人格者?!

──きりまるさんは幼少期どんな子でしたか?

えみ姉:とにかく恋多き女で、幼稚園の頃はいつも男の子の話ばかりしてたよね。「○○君が好き!」「今日は○○君と手つないで寝た♡」とか、私とお母さんによく話した。

きりまる:たしかに常に好きな人はいたかも。3歳のときに常に好きになる感覚を知ったの!「はやく○○君に会いたい……」って幼いながら本気の恋をしてたよね。

えみ姉:しかも、ちゃっかりモテモテな男の子をキャッチするんだよね。あと、人のモノマネをよくしてた! 今も変わらない部分だけど、小さい頃はもっと「ひょうきん」って言葉がぴったりな子だった。

きりまる:分かる(笑)。保育園の先生とか、電話のときだけ声が変わるお母さんとか、友達の口癖とか、身近にいる人の真似をするのが好きだった。いつも家族の前で披露してたよね。

──ひょうきんな性格は今も変わらないですか?

えみ姉:小学生まではそんな感じでTHEひょうきん者って感じだったね。

きりまる:中学生になって思春期を迎えてから、恥ずかしいっていう気持ちが勝つようになって猫を被るようになったの。

> この子、他人には猫被ります(笑)。

えみ姉:先生の前ではめっちゃいい子なのに、家の中では騒ぐから二重人格って家族には言われてたね(笑)。

きりまる:そうそう(笑)。今も初対面の人の前では猫を被っちゃう癖がある。

えみ姉、カーストトップ時代

──2人の性格は似てますか?

えみ姉:ひょうきんなところとか根本の性格は似てるけど、私の方が薄情というか。きりの方が優しい。きりは皆さんが想像しているきりまるそのまま。例えるなら、きりはお日さま、私はコンクリート(笑)。

きりまる:えみ姉ちゃんが社会人になって1人暮らしするまではずっと仲が悪くて。小学生の頃は殴り合いの喧嘩もよくしたし、えみ姉ちゃんが反抗期のときは徹底的に無視されてたし、中高は話した記憶がほとんどない(笑)。

えみ姉:分かる(笑)。同じ家に暮らしてたけど、きりとの記憶が本当にない(笑)。常にお互いの粗を探してて、見つけた瞬間お母さんにチクるみたいな。お母さんを介してバッチバチだった。

きりまる:その頃は仲良くなりたいとも、将来こんなに仲良くなるとも思ってなかったね。

えみ姉:そうだね。

きりまる:今でも覚えてるのは、きりが年頃になってイヤリングにハマってたくさん集めてたとき。きりの部屋に行って1個ずつ盗んでたのね(笑)。それに気付かれてめちゃめちゃ怒られて。

きりまる:そりゃそうでしょ!

えみ姉
アパレル店員での実績が認められ、2020年9月よりアパレルブランド『emutto』のディレクターに就任。きれいな顔立ちと抜群のファッションセンス、飾らない性格で人気急上昇中。
Instagram@emk_oooo

ふ た

こんなに仲良くなるとは思ってもいなかったね（笑）。

えみ姉はほんと怖かった！

変顔はお手のもの！

もう1個思い出した！　私がその日着ようと思ってた服が見つからなくて、えみ姉ちゃんの部屋に行ったら、着終わってぐちゃぐちゃになった状態で放置されてて。怒ったら逆ギレしてきたよね。「はやく持って行きなよ」みたいな（笑）。

えみ姉：あの頃は自分がよければそれでいいっていう性格だったから（笑）。今思うと本当に恥ずかしいです……。

きりまる：私はいつもやられっぱなしで、泣いてた（笑）。その頃には完璧な上下関係が出来上がってたから。

えみ姉：きりはその頃から優しい子だったよ。3人きょうだいで、きりだけ反抗期がなかったし。

きりまる：そうだね。あと、弟は私のことをきりって呼び捨てするのに、きりは「えみ姉ちゃん」って呼んでるよね（笑）。

えみ姉：気づかなかったけど、そうだね。

――きょうだいの中でカーストがトップだったからかな（笑）。

隠しごとゼロ。すぐに相談しちゃう何でも屋

――お互い大人になって今はどんな存在ですか？

えみ姉：周りに表に出る仕事をしている人がいないっていうのもあるけど、仕事からプライベートまですべてを分かり合える唯一無二の存在。

きりまる：そうだね。普通、姉妹で仕事の話をしてもそんなに分かり合えないもんね。仕事のことから恋バナまで何でも相談できる、家族でもあり、親友でもあり、都合のいい何でも屋（笑）。

――どんなことを相談し合いますか？

きりまる：それこそ私がパニック障害になったとき、友達には言えないけどお姉ちゃんには相談できたの。理解してくれるっていう絶対的な

安心感があったから。友達とは緊張して行けない場所でもお姉ちゃんとなら行ける場所もあったし、たくさん助けられた。

えみ姉：そうだね。

きりまる：看護師を辞めたときもどのタイミングでぽぽまる（ファンの愛称）に報告しようか迷っていて。看護師の自分を好きでいてくれる方がそのときは多かったから幻滅させてしまうんじゃないかっていう不安があって……。そういう1人ではどうしても決断できないことは全部相談してる気がする。

えみ姉：相談されたときは、家族としてっていう1番近い存在として、きりの1ファンとして、きりがどうしたいかっていうきりの本当の気持ちを汲み取ってアドバイスできたらと思っていて。

きりまる：そうそう、ぽぽらと思って

きりさえいれば、他には何もいらない。――えみ姉

まるの気持ちも汲み取ってくれるよね。

私、物事に対してはポジティブだけど、定期的に自信が持てないネガティブなときが来て、そういうときに、ぽぽまるは「きりのこういうところを、ぽぽまるは好きなんじゃないかな」とかたくさんポジティブになれる言葉をかけてくれるから、本当に助けられてる。

えみ姉：きりは本当に優しくて、こんなにファンがいるのにめちゃくちゃ謙虚で「私なんていいところ何もないよ」と言うから、こっちこっちが

いつでも私を肯定してくれる絶対的な安心感がある。——きりまる

ボクはおもち。
えみ姉と一緒に
暮らしてる。

お姉ちゃんと
撮影できて
うれしい〜♡

——えみ姉さんがきりまるさんに相談することはありますか？

えみ姉：表に出る仕事はきりの方が先輩なので、仕事のことはめちゃくちゃ相談するね。こんなに人気がある子に直接聞けるのはありがたいなと。1番頼りになる！ あとは、恋愛のこと、人間関係のこと、本当に何でも相談してるからお互い知らないことはない。

きりも何ろはありますか？

——ここは直してほしいと思うところはありますか？

えみ姉：昔は私の真似をしてくるところが嫌だったかな。好きなアイドルとか、私が好きになったらきりも好きになって。全部真似してくるんだもん。

きりまる：3歳差だから私が中学生のときにお姉ちゃんは高校生で、すごくキラキラして見えて。友達も多くて、おしゃれで、クラスの人気者でちょっと憧れがあった。私、そんなに友達が多くなくて、いつもお姉ちゃんは1〜2人。お姉ちゃんはグループで仲良くしてたり、楽しそうに学校から帰ってくるのを見て、私もこんな高校生になりたいって思ってたよ。

えみ姉：そうだったんだ（笑）。

——お互い尊敬しているところはありますか？

えみ姉：きりは頑張り屋さんで、セ

でも肯定してくれるから、私も安心できる。きりがいればいいや、他には何もいらないって思うくらい。

きりまる：恥ずかしいわ（笑）。でも面と向かって言わないけど、それはお互い思ってるよね。

ンスがよくて、人にも動物にも、生き物すべてに優しいところ。

きりまる：お姉ちゃんは話すのが上手！ 初対面の人やこの人苦手なんだろうなっていう人にも愛想良いところがすごいなって思う。

友達よりもえみ姉ちゃん。仲良すぎ説

——2人でいるときは何をして遊びますか？

えみ姉：2人とも大分にいた頃はよく温泉に行ったりしてたよね。

きりまる：そうそう。夜中うとうとしている時間に温泉に誘われて、めっちゃ眠いけど車でお姉ちゃんを迎えに行って温泉に行ったね。

えみ姉：その後、きりの家に行って、お菓子食べて朝まで語り明かしたり。

きりまる：友達と先に約束してても、きりに誘われたら友達の方を断ることもある（笑）。

えみ姉：それはお互いするよね（笑）。えみ姉ちゃんに誘われたら、どうしても遊びたいから「友達に予定ずらせるか聞いてみるね！」って言います。きりと一緒に横に並んで歩

あったね。そのときも少しきりが病んでいて電話してたんだよね。きりは高校生のときからインフルエンサーだったから、本当に人生が濃くて。

きりまる：「ここまで本当に頑張ってきたね」って励まされました。最終的に「そっか、きりってすごい人だった」とか自分で言いながら泣いてました（笑）。

——名残惜しいですが、最後にお互いにエールをお願いします！

きりまる：何か困ったことがあったら相談してほしいし、私が協力できることがあれば何でもしてあげたいと思ってるよ。いつでも頼ってくだ

らない人生で、たまに落ち込むこともあると思うけど、そのときは私が慰めるから思いっきりやりたいことをやってビッグになってくれ！ これから何になるか分からない、無限の可能性を秘めているきりを楽しみにしているよ。

えみ姉：きりは何が起こるか分か

んでいただけたらうれしいです♡

きりまる：やだ〜泣いちゃう（笑）。

きりまる：この前、電話できりの歴史を2人で振り返って泣いたことも

えみ姉：ぽぽまるへ、きりはオフの日も常にぽぽまるのことを気にしていて、何をしたら喜んでくれるかなと考えて必死（笑）。

さい！

元気がないときはいつでも
駆けつけるよ！

みんなー！おかえりなさい！
きりまるスタイルブックの見応えはどうでしたか？
とにかく長い撮影時間で心が折れそうになったことも
あったけど皆のよろこぶ様がみたくてそれだけの為に
頑張れました！として担当してくださったチームのスタッフさんが
本当にみなさん優しくて家族みたいに温かくて、
だいだいだいすきな空間でした…♡

スタッフさんやメイクさん、スタイリストさん、皆さんと一緒に
作ったスタイルブックだと思ってます。
日々感謝を忘れず、これからも頑張っていきます！

 みんな これからも
　　　　　 よろしくね。
　 だいすきだよ──♡

きりまるでした

kirimaru

STAFF

Photography
菅原景子［Roaster］
Cover・P010-019・P020-051・P052-065（ITEM）・
P066-075・P076-083・P084-099・P100-109（ITEM）・P144-147

藤井由依［Roaster］
Cover・P052-065（MODEL）・P100-109（MODEL）・
P110-117・P118-131・P138-143・P148-151・P152-155

Hair & makeup
北原 果［KiKi inc.］P020-051
西 亜莉奈［Cake.］P118-131
手塚裕美 P010-019・P084-093

Styling
岡野香里［TRON］P010-019・P084-099

Art direction
江原レン［mashroom design］

Design
前田友紀／髙橋紗季／青山奈津美／山田彩子／佐橋実咲
［mashroom design］

Edit
吉原彩乃［宝島社］

Edit in chief & text
藤岡沙羅［Roaster］

Edit & text
赤木 百／杉江はるよ／小曽根瑚々／宮垣歩乃佳［Roaster］

Proof Reading
株式会社聚珍社

Props
アワビーズ P052-065・P146-149

Location
浅草花やしき P022・P026・P030・P034・P038

※本書に掲載した内容は2021年4月現在の編集部調べによるもので価格はすべて消費税込みで表示してあります。本書発売後、商品の仕様や価格が変更される場合があります。あらかじめご了承ください。また、品切れ、欠品の際はご容赦ください。

SHOP LIST

EYEVAN PR	☎03-6450-5300
アダストリア カスタマーサービス	☎0120-601-162
A de Vivre	☎06-6454-1266
アディナ ミューズ ルミネ新宿店	☎03-6304-5822
アナブノエ 渋谷ヒカリエ ShinQs店	☎03-6434-1772
アプレドゥマン	☎03-6274-8533
e.m.表参道店	☎03-5785-0760
e-zakkamania stores	🌐https://www.e-zakkamania.com
EMODA ルミネエスト新宿店	☎03-3355-1560
UTS PR	☎03-6427-1030
エーグルカスタマーサービス	☎0120-810-378
エレッセトーキョー	☎03-6427-7822
Öffenプレス 東京オフィス	☎03-6433-7950
KAIKO	☎03-6455-2033
CA4LA プレスルーム	☎03-5773-3161
CAMILLE BIS RANDA	☎06-6451-1248
カメイ・プロアクト	☎03-6450-1515
カンゴール ヘッドウェア	☎03 6005 1272
キーン・ジャパン	☎03-6416-4808
CLANE DESIGN	☎03-6432-2196
GRL（グレイル）	☎06-6532-2211
ケービーエフ プラス 新宿ミロード店	☎03-3349-5779
ケービーエフ ラフォーレ原宿店	☎03-5771-6538
コロネット	☎03-5216-6518
SAAAGE boutique	🌐https://saaageboutique.com
サザビーリーグ	☎03-5412-1937
ザ ブーツ ショップ	☎03-3843-0833
SALON by Chico 新宿ルミネエスト店	☎03-5357-7277
ジースター インターナショナル	☎03-6890-5620
ショールーム セッション	☎03-5464-9975
ジルスチュアート ルミネ新宿店	☎03-3346-7287
JINS カスタマーサポートセンター	☎0120-588-418
jouetie	☎03-6408-1078
ジュンカスタマーセンター	☎0120-298-133
gelato pique ルミネエスト新宿店	☎03-6457-8217
SELECT MOCA	☎092-292-3301
ZOZOTOWN カスタマーサポート	🌐https://zozo.jp/_help/help_faq_info.html
ダイアナ 銀座本店	☎03-3573-4005
ダイアナ 原宿店	☎03-3478-4001
ダブルエー	☎0120-575-393
CIAOPANIC TYPY ベースヤード原宿店	☎03-3486-5118
チュチュアンナ	☎0120-576-755
titivate	☎06-6568-9001
デサントジャパンお客様相談室	☎0120-46-0310
原宿シカゴ 原宿店	☎03-6427-5505
ビューティフルピープル 青山店	☎03-6447-1869
14 SHOWROOM	☎03-5772-1304
magnifique	☎03-6709-9486
marvelous by Pierrot	☎06-6245-1205
MARTE	☎03-3797-3123
mysticベースヤード原宿店	☎03-3486-5122
muller of yoshiokubo	☎03-3794-4037
MERY	☎03-6265-4821
merry jenny	☎03-6840-5353
ライン バイ リョウジオバタ	☎090-3799-1591
LAUGOA	✉info-laugoa@laugoa.co.jp
ラコステ お客様センター	☎0120-37-0202
RANDA	☎06-6451-1248
リー・ジャパン カスタマーサービス	☎0120-026-101
リ デザイン	☎03-6447-1264
RiLi.STORE	🌐http://store.rili.tokyo/
ルシェルブルー総合カスタマーサービス	☎03-3404-5370

OFF SHOT ♡

365 coordination

スタッフさんとたくさん
コミュニケーションを
とりながら
準備を進めたよ!

365体ほとんど、
きりまるが
コーディネートを
考案!

撮影での
思い出もたくさん♡
いろんなきりまるに
なりきってみた!

lots of memories...

きりまる

1998年1月3日生まれ。大分県出身。身長154cm。絶妙なくすみカラー使い、抜け感のあるシルエットなど、ゆるふわだけどきりまるらしいテイストが魅力のファッション系クリエイター。ファンの愛称は「ぽぽまる」。関西コレクション2021 S/S出演。ナチュラルガーリーなテイストが人気の『ehkä söpö（エヘカソポ）』とのコラボは即完売。2021年3月に自身がプロデュースするブランド『onetome（ワントゥーミー）』を立ち上げ、ファッション界で大活躍中。

○-○-○-○-○-○-○-○-○-○-○-○-○-○-○

Instagram：@kirimaruuu
YouTube：きりまる
Twitter：@fwafwa7
WEAR：@fwafwa7

まるっと365日!
自分史上いちばん垢抜ける 3色コーデ帖

2021年4月23日 第1刷発行
2021年7月 9 日 第4刷発行

著者　　　きりまる
発行人　　蓮見清一
発行所　　株式会社宝島社
　　　　　〒102-8388
　　　　　東京都千代田区一番町25番地
　　　　　☎ 03-3234-4621（営業）
　　　　　☎ 03-3239-0928（編集）
　　　　　https://tkj.jp
印刷・製本　図書印刷株式会社